高等职业教育物流类理实一体化教材

集装箱港口业务运营项目

主　编　刘世明　梅　叶
副主编　龙人燕　邓　琦

電子工業出版社.
Publishing House of Electronics Industry
北京·BEIJING

内 容 简 介

集装箱港口业务运营是国际物流高技能人才必须掌握的技能，也是高职高专物流类专业一门重要的专业课程。本书以能力培养为目标，具有专业性与实用性相统一、系统性与全面性兼具、能力点和知识点相结合等特点，旨在培养应用型、技能型人才。本书依托广州港、青岛港等集装箱港口业务，汇聚企业项目和相关院校资源，根据集装箱港口工作任务和业务流程编写。内容主要包括集装箱运输概述，集装箱及其标准化，集装箱货物及其组织，集装箱码头管理，集装箱出口业务，集装箱进口业务，集装箱多式联运及集装箱运输发展趋势等。通过学习，学生能够掌握集装箱港口业务运营的基本原理和流程，熟悉集装箱码头的各个功能区及其作用，具备一定的实际操作能力。

本书适合作为高职高专院校集装箱运输管理专业、现代物流管理专业的教学用书，也可作为货运代理人、港口业务人员、外贸及物流企业人员等的参考用书。

未经许可，不得以任何方式复制或抄袭本书之部分或全部内容。
版权所有，侵权必究。

图书在版编目（CIP）数据

集装箱港口业务运营项目 / 刘世明，梅叶主编.
北京：电子工业出版社，2024.10. -- ISBN 978-7-121-49174-0

Ⅰ. F752.6

中国国家版本馆 CIP 数据核字第 2024ZJ2473 号

责任编辑：李书乐　　特约编辑：李　红
印　　刷：北京七彩京通数码快印有限公司
装　　订：北京七彩京通数码快印有限公司
出版发行：电子工业出版社
　　　　　北京市海淀区万寿路 173 信箱　邮编：100036
开　　本：787×1092　1/16　印张：7　字数：179.2 千字
版　　次：2024 年 10 月第 1 版
印　　次：2024 年 10 月第 1 次印刷
定　　价：30.00 元

凡所购买电子工业出版社图书有缺损问题，请向购买书店调换。若书店售缺，请与本社发行部联系，联系及邮购电话：（010）88254888，88258888。

质量投诉请发邮件至 zlts@phei.com.cn，盗版侵权举报请发邮件至 dbqq@phei.com.cn。
本书咨询联系方式：（010）88254571，lishl@phei.com.cn。

前 言

随着世界经济贸易的日益频繁，集装箱运输是近年来发展迅速的一种运输方式，因其高效率、高度标准化、高度国际化和高度信息化被视作"运输界的一场革命"。集装箱港口业务运营是物流管理高技能人才必须掌握的技能，也是高职高专物流类专业的一门重要的专业课程。

本书力求深入浅出、精炼实用，注重国际化及创新意识，旨在培养应用型、技能型人才。本书详细介绍了集装箱港口业务运营中的实务内容，以工作任务为导向，以集装箱港口业务运营流程为线索，由浅入深地将全书内容以项目式展开，每个项目由学习目标、思维导图、案例导入、相关知识、综合实训、巩固练习、学习评价等部分组成。学习目标部分通过明确学习目标，使学生带着任务学习，既能激发学生的学习兴趣，也能提高学生的自学能力。思维导图部分清晰地列明了每章的知识结构。案例导入部分介绍集装箱相关的拓展知识，有助于激发学生的学习兴趣。相关知识部分围绕集装箱港口业务运营知识进行介绍。综合实训和巩固练习部分精心筛选了案例和一定数量的习题，供学生检测学习效果。学习评价部分包括自我评价、同学互评和老师评价，有助于学生对知识点查漏补缺。

本书由刘世明、梅叶担任主编，由龙人燕、邓琦担任副主编，郭启栋、黄俊杰参编。编写人员具体分工如下：广州番禺职业技术学院龙人燕编写第 1 章；广州番禺职业技术学院刘世明编写第 2 章和第 5 章，并负责统稿；广州番禺职业技术学院邓琦编写第 3 章；青岛港湾职业技术学院郭启栋、黄俊杰编写第 4 章；青岛港湾职业技术学院梅叶编写第 6 章和第 7 章。

本书在编写过程中参考了同行专家的有关著作、教材和文章，力求使本书突出实务操作性。在此，谨向这些文献资料的作者及专家学者表示衷心感谢。由于编者水平有限，书中难免有疏漏之处，恳请读者批评指正。

编　者
2024 年 6 月

目 录

第1章 集装箱运输概述 1
- 1.1 集装箱及集装箱运输的概念 2
  - 1.1.1 集装箱的定义 2
  - 1.1.2 集装箱运输的定义 4
- 1.2 集装箱运输的特点 4
  - 1.2.1 高效益 4
  - 1.2.2 高效率 5
  - 1.2.3 高投资 5
- 1.3 集装箱运输的形成与发展 6
  - 1.3.1 集装箱运输的形成与发展 6
  - 1.3.2 集装箱运输的发展趋势 8

第2章 集装箱及其标准化 12
- 2.1 集装箱标准 13
  - 2.1.1 集装箱国际标准化的必要性 14
  - 2.1.2 集装箱标准化在集装箱运输中的作用 14
  - 2.1.3 集装箱标准分类 15
- 2.2 集装箱尺寸大小 16
- 2.3 集装箱分类 16
- 2.4 集装箱标记 21
  - 2.4.1 必备标记 21
  - 2.4.2 自选标记 22
  - 2.4.3 通行标记 23
  - 2.4.4 集装箱部件与结构 23

第3章 集装箱货物及其组织 28
- 3.1 集装箱货物 29
  - 3.1.1 普通货物 29
  - 3.1.2 特殊货物 30
- 3.2 集装箱装箱方式 31
  - 3.2.1 集装箱装箱前的检查 31

		3.2.2 集装箱货物装载要求	31
	3.3	集装箱货物的交接方式	35
		3.3.1 集装箱货物的交接形态	35
		3.3.2 集装箱货物的交接地点	36
		3.3.3 集装箱货物的交接方式	36
	3.4	集装箱货物的流转	37
		3.4.1 集装箱货物流转的组织	37
		3.4.2 集装箱货物流转过程中的单证流转	39
第4章	集装箱码头管理		42
	4.1	集装箱码头布局	43
		4.1.1 泊位	44
		4.1.2 码头前沿	45
		4.1.3 集装箱堆场	46
		4.1.4 集装箱码头控制室	47
		4.1.5 集装箱码头闸口	48
		4.1.6 集装箱码头洗箱、修箱区域	49
		4.1.7 集装箱货运站	50
	4.2	集装箱码头装卸机械	50
		4.2.1 码头前沿装卸设备	50
		4.2.2 水平搬运设备	52
		4.2.3 集装箱堆场作业机械	54
	4.3	集装箱堆场	57
		4.3.1 堆场箱区的箱位编码方式	57
		4.3.2 集装箱码头堆场堆存能力的确定	58
第5章	集装箱出口业务		61
	5.1	集装箱出口货运业务	62
		5.1.1 集装箱出口货运流程	62
		5.1.2 航运公司在出口货运中的有关业务	63
		5.1.3 集装箱货运站在出口货运中的有关业务	64
		5.1.4 集装箱码头出口业务流程及其具体操作	65
	5.2	集装箱出口货运中的主要单证	66
		5.2.1 集装箱出口货运的主要单证	66
		5.2.2 集装箱出口货运十联单及用途	67
第6章	集装箱进口业务		70
	6.1	集装箱进口业务	71

目　录

- 6.1.1 集装箱进口业务的内涵、特征与重要性 ·················· 71
- 6.1.2 交货地点与交货条件 ··· 73
- 6.1.3 进口货运的业务流程 ··· 73
- 6.1.4 集装箱码头的进口业务 ··· 74
- 6.2 集装箱进口业务主要单证 ··· 76
  - 6.2.1 到货通知书 ··· 76
  - 6.2.2 提货单 ··· 76
  - 6.2.3 费用账单 ··· 77

第 7 章　集装箱多式联运及集装箱运输发展趋势 ·························· 81
- 7.1 集装箱多式联运的认识 ··· 83
  - 7.1.1 多式联运的由来 ··· 83
  - 7.1.2 多式联运的定义和基本特征 ····································· 84
  - 7.1.3 多式联运的优越性 ··· 85
  - 7.1.4 多式联运的发展趋势 ··· 86
  - 7.1.5 多式联运的类型 ··· 87
- 7.2 多式联运经营人的认知 ··· 88
  - 7.2.1 多式联运经营人的定义与应具备的条件 ················· 89
  - 7.2.2 多式联运经营人的赔偿责任 ····································· 90
- 7.3 多式联运单据的读识 ··· 92
  - 7.3.1 多式联运单据的定义与主要内容 ····························· 92
  - 7.3.2 多式联运单据的签发 ··· 93
  - 7.3.3 多式联运单据的保留 ··· 93
- 7.4 集装箱多式联运业务操作 ··· 93
  - 7.4.1 多式联运运费 ··· 93
  - 7.4.2 多式联运的一般业务流程 ··· 95
- 7.5 陆桥运输业务 ··· 97
  - 7.5.1 陆桥运输概述 ··· 97
  - 7.5.2 北美陆桥运输 ··· 98
  - 7.5.3 欧亚陆桥运输 ··· 99
  - 7.5.4 我国出口到美国的多式联运业务 ····························· 101

1. 国际标准化组织关于集装箱的定义

国际标准化组织（International Organization for Standardization，ISO）在1981年《集装箱名词术语》中规定，集装箱作为一种运输设备，应满足以下要求：

(1) 具有足够的强度，在有效使用期内可反复使用；
(2) 途中转运货物可直接换装，不用移动箱内货物；
(3) 可以进行快速装卸的装置，便于从一种运输方式直接换装到另一种运输方式；
(4) 便于箱内货物装卸；
(5) 内容积等于或大于1立方米。

2. 《集装箱海关公约》关于集装箱的定义

1972年制定的《集装箱海关公约》（Customs Convention on Containers，CCC）中，对集装箱做了如下定义：

集装箱一词是指一种运输设备（货箱、可移动货罐或其他类似结构物）：

(1) 全部或部分封闭构成一个装载货物的空间；
(2) 具有耐久性，其坚固程度适合于重复使用；
(3) 经专门设计，便于以一种或多种运输方式运输货物；
(4) 其设计易于装卸，特别是在改变运输方式时便于操作；
(5) 内部容积在1立方米及1立方米以上。

集装箱一词包括有关型号集装箱所适用的附件和设备，如果集装箱带有这种附件和设备。但集装箱一词不包括车辆、车辆附件和备件或包装。

3. 《国际集装箱安全公约》关于集装箱的定义

1972年通过的《国际集装箱安全公约》（International Convention for Safe Containers，CSC）对集装箱进行了定义，即集装箱是指一种运输设备，应满足以下条件：

(1) 具有耐久性，其坚固程度适合于重复使用；
(2) 经过专门设计，便于以一种或多种运输方式运输货物且无须中途换装；
(3) 为了坚固和（或）便于装卸，设有角配件；
(4) 四个外底角所围闭的面积应为下列两者之一：

①至少为14平方米；②若顶部装有角配件，则至少为7平方米。

集装箱一词虽不包括车辆及包装，但集装箱在底盘车上运送时，底盘车包括在内。

4. 我国关于集装箱的定义

我国GB/T 1992—2023《集装箱术语》中对集装箱的定义如下：

集装箱是一种供货物运输的设备，应满足以下条件：

(1) 具有足够的强度和刚度，可长期反复使用；

（2）适合一种或多种运输方式载运，在途中转运时，箱内货物无须换装；

（3）具有快速装卸和搬运的装置，特别是从一种运输方式转换为另一种运输方式；

（4）便于货物的装满和卸空；

（5）具有 1 立方米及以上的容积；

（6）是一种按照确保安全的要求进行设计，并具有防止无关人员轻易进入的货运工具。

1.1.2 集装箱运输的定义

集装箱运输（Container Transport）是指以集装箱这种大型容器为载体，将货物集合组装成集装单元，以便在现代流通领域内运用大型装卸机械和大型载运车辆进行装卸、搬运作业和完成运输任务，从而更好地实现货物"门到门"运输的一种新型、高效率和高效益的运输方式。

集装箱运输起源于英国，1845年英国铁路曾使用载货车厢互相交换的方式，20 世纪 50 年代发展到海上。在此后的几十年，集装箱运输所具有的优越性越来越被人们认可，以海上运输为主导的国际集装箱运输发展迅速，世界交通运输进入集装箱化时代的关键时期。集装箱运输既是现代物流发展的必然产物，也是人们不断追求效率和效益的结果。但是单独靠一种运输方式开展集装箱运输不能充分发挥集装箱运输的优越性，达不到预期效果。因此，组织铁路、水路、公路多种运输的集装箱多式联运已成为现代化物流的重要形式。

1.2 集装箱运输的特点

1.2.1 高效益

集装箱运输高的经济效益主要体现在以下几个方面。

（1）简化包装，大量节约包装费用。为避免货物在运输途中损坏，必须有坚固的包装，而集装箱具有坚固、密封的特点，其本身就是一种极好的包装。使用集装箱可以简化包装，有的甚至无须包装，可大大节约包装费用。

（2）减少货损货差，提高货运质量。集装箱是一个坚固密封的箱体，其本身就是一个坚固的包装，货物装箱并铅封后，途中无须拆箱倒载，一票到底，即使经过长途运输或多次换装，也不易损坏箱内货物。集装箱运输可减少货物因被盗、潮湿、污损等引起的货损和货差，所以深受货主和航运公司的欢迎，并且货损货差率的降低减少了社会财富的浪费，也具有很大的社会效益。

（3）减少营运费用，降低运输成本。由于集装箱的装卸基本不受恶劣气候的影响，可使船舶等交通工具非生产性停泊的时间缩短；又由于装卸效率高，装卸时间缩短，对航运公司而言，可提高效率，降低运输成本；另外，对港口而言，可以提高泊位通过能力，从而提高吞吐量，增加收入。

1.2.2 高效率

传统的运输方式具有装卸环节多、劳动强度大、装卸效率低、船舶周转慢等缺点，而集装箱运输完全改变了这种状况。

（1）普通货船装卸，一般每小时为35吨左右；而集装箱装卸，每小时可达400吨左右，装卸效率大幅度提高。同时，由于集装箱装卸机械化程度很高，所以每班组所需装卸工人数很少，从而使得每个工人的平均劳动生产率大大提高。

（2）由于集装箱装卸效率很高，受气候影响小，船舶在港停留时间大大缩短，所以船舶航次时间缩短，船舶周转速度加快，航行率大大提高，从而提高了船舶的运输能力，即在不增加船舶艘数的情况下，可完成更多的运量，大幅增加航运公司的收入。

1.2.3 高投资

集装箱运输虽然是一种高效率的运输方式，但同时也是一种资本高度密集的行业。

（1）航运公司前期必须对船舶和集装箱设备进行巨额投资，开展集装箱运输所需的巨额投资使航运公司的总成本中固定成本比例高达三分之二。

（2）集装箱运输中港口的投资也相当大。专用集装箱泊位的码头设施包括码头岸线和前沿、货场、货运站、维修车间、控制塔、门房，以及集装箱装卸机械等，耗资巨大。

（3）为开展集装箱多式联运，还需要有相应的内陆设施及内陆货运站等，为了配套建设，就需要兴建、扩建、改造、更新现有的公路、铁路、桥梁、涵洞等，这方面的投资更是惊人。

采用集装箱运输的初期，集装箱的结构和规格各不相同，严重影响了集装箱在国际上的流通，因此，亟须制定集装箱的国际通用标准，以利于集装箱运输的发展。集装箱实现标准化，不仅能提高集装箱作为共同运输单元在海、陆、空运输中的通用性和互换性，而且能够提高集装箱运输的安全性和经济性，促进国际集装箱多式联运的发展。同时，集装箱的标准化还给集装箱的载运工具和装卸机械提供了选型、设计和制造的依据，从而使集装箱运输成为相互衔接配套、专业化和高效率的运输系统。集装箱运输最大的成功在于其产品的标准化及由此建立的一整套运输体系。能够让一个载重几十吨的庞然大物实现标准化，并且以此为基础逐步建设成为全球范围内的船舶、港口、航线、公路、中转站、桥梁、隧道等多式联运相配套的物流系统，的确堪称是人类有史以来创造的伟大奇迹之一。

1.3 集装箱运输的形成与发展

1.3.1 集装箱运输的形成与发展

1. 集装箱运输在国外的形成与发展

集装箱运输是现代化大生产和运输领域发展的必然产物，其在国外的形成与发展过程大致可以分为萌芽、开创、成长、扩展和成熟等五个阶段。

1）萌芽阶段（1801—1955 年）

1801—1955 年是国际集装箱运输的萌芽阶段。该阶段的重要标志是：欧美地区的发达国家在国内开始尝试陆上集装箱运输，运输距离较短。之后欧洲各国之间开始发展陆上集装箱运输的合作。

1801 年，英国的詹姆斯·安德森博士就提出了集装箱运输的设想。1845 年，英国铁路上出现了载货车厢。1880 年，美国正式试制了第一艘内河用的集装箱船，并且在密西西比河进行试验，但是作为当时的新型水运方式，集装箱船并没有得到大众的广泛认可。

20 世纪初，西方资本主义国家货物运量的激增使得运输行业迅速发展，公路运输和铁路运输都得到了较快的发展，这时英国才正式采用集装箱铁路运输，此后，这种新型运输方式很快在欧洲传播。1933 年，法国巴黎成立了民间组织——国际集装箱运输局，该组织以协调有关集装箱运输各方的协作为主要工作，并办理有关集装箱所有人的登记业务。

第二次世界大战爆发后，尤其是在越南战争中，美国采用集装箱运输军事物资，大大提高了运输速度及运输质量，并且能实现货物的"门到门"，随后集装箱运输开始广泛应用于商业活动中。

2）开创阶段（1955—1966 年）

1955—1966 年为集装箱运输的开创阶段。该阶段的重要标志是美国将油轮、杂货轮改装成集装箱船舶在美国沿海从事海上集装箱运输，并获得了良好的经济效益。海上集装箱运输的成功，为实现国际远洋航线的集装箱运输打下了良好的基础。

20 世纪 50 年代后期，集装箱运输开始在世界范围内大力发展。1956 年 4 月 26 日，美国泛大西洋轮船公司将"理想 X 号"（Ideal-X）油轮改装后，在甲板上装载了 58 个集装箱，由新泽西州的纽华克港驶往得克萨斯州的休斯敦港。此次试运，获得了巨大的成功，并且带来了极大的经济效益，每吨货物平均装卸费用降至普通件杂货的 1/37，仅为 0.15 美元。

1957 年，美国泛大西洋轮船公司又将 6 艘普通件杂货轮船改装成了集装箱船，并将第一艘集装箱船命名为"门户之城号"（Gateway City），1957 年 10 月 4 日首航，航行于纽约—休斯敦的航线上。1960 年 4 月，该公司更名为海陆运输公司，并在 1961 年又陆续开辟了其他集装箱货物航线，在此期间其他轮船公司也开辟了不同的集装箱货物航线。

3）成长阶段（1966—1971年）

1966—1971年为国际集装箱运输的成长阶段。这一阶段的重要标志是集装箱运输从美国的沿海运输向国际远洋运输发展。集装箱尺寸的标准化使得装卸集装箱的工具具有世界通用性，这为集装箱运输向多式联运发展打下了良好的基础。

1966年4月，美国海陆运输公司用经过改装的全集装箱船航行于纽约至欧洲的航线，国际航线上由此出现了集装箱运输。1967年9月，马托松船公司将"夏威夷殖民者号"全集装箱船投入日本—北美太平洋沿岸航线。1968年，日本有6家船公司在日本—加利福尼亚之间开展集装箱运输。继美国之后，日本和欧洲各国的船公司先后在日本、欧洲等地区的主要航线上开展集装箱运输业务。

4）扩展阶段（1971年—20世纪80年代末）

1971年至20世纪80年代末为国际集装箱运输的扩展阶段。扩展阶段的主要特点是集装箱运输迅速发展，世界各主要航线开展了此业务，港口设施逐渐现代化、专业化，在运输组织上出现了集装箱多式联运，而且集装箱管理水平不断提高。

由于集装箱具备多式联运的特点，所以深受各方的欢迎。1971年年末，发达国家的海上件杂货运输基本实现了集装箱化。这时的集装箱运输以高速、载重量大的全集装箱船为主，高新技术也开始应用于集装箱运输，集装箱运输管理水平有了很大的提高。1980年5月，在日内瓦通过了《联合国国际货物多式联运公约》，并在美国实现了集装箱多式联运。集装箱在全球范围内的应用，还促进了集装箱国际标准化和集装箱专用码头的出现。

5）成熟阶段（20世纪80年代末至今）

20世纪80年代末以来，国际集装箱运输的发展已经进入到成熟阶段。其重要标志是集装箱运输的船舶、码头泊位、装卸机械、集疏运的道路和桥梁等硬件设施日臻完善，集装箱运输在全世界得到普及，多式联运得到进一步发展，集装箱运输的经营管理、业务管理的方法和手段等商务软件越来越现代化，船舶大型化、码头深水化、运输组织的联运化、竞争的激烈化是其发展趋势。

20世纪80年代末以来，世界经济的快速发展，使得集装箱运输遍及世界上所有从事海运的国家。随着集装箱运输的逐渐成熟，其相应的配套设施，如集装箱码头、高吊作业工具等不断得到完善，相应的法律条文也逐渐形成。随着计算机的普及和IT技术的发展，电子数据交换在集装箱运输管理方面的应用越来越广泛，提高了集装箱的周转速度。此外，通过全球卫星导航系统还实现了对集装箱的动态跟踪和信息的实时掌握。

2. 集装箱运输在国内的形成与发展

1）试运阶段（20世纪50年代—20世纪70年代）

1955年，国家铁路局成立了集装箱运输营业所，相关单位也成立了专门机构负责管理集装箱业务。当时，还曾试办了上海到大连、沈阳的水陆联运，并且开辟了天津、广安门站集装箱国际联运，开展"门到门"运输。20世纪70年代，中日贸易有了大幅增长，在此背景下，我国开始组织中国海运国际集装箱运输试运，以中日两国开展海上集装箱试运为标志，我国海上集装箱运输正式启动。但是由于技术的限制和相应法律条文的不健全，这一阶段的集装箱运输还处于探索状态。

2）创业阶段（20世纪80年代）

20世纪80年代后，改革开放促使国民经济建设快速发展，扩大了国内同国外经济实体间的贸易往来，运输业也成为蓬勃发展的国民经济的基础产业。伴随着国际集装箱的不断发展和各国之间贸易往来的频繁，中国各主要港口开始大力推进集装箱运输配套设施建设，如港口、码头、大型机械吊具等，并且成立了专门的组织机构，制定了相应的规章制度，培养了专业的人才以适应集装箱运输的快速发展。

3）发展阶段（20世纪90年代至今）

进入20世纪90年代，我国集装箱运输快速发展，港口吞吐量持续增长，港口建设逐步健全。目前，我国已初步形成了布局合理、设施较完善、现代化程度较高的港口集装箱运输体系，建设成了吞吐量大、码头设施齐全的现代化港口，如上海港、天津港、青岛港、广州港等。集装箱运输的迅猛发展和多式联运的增加也对我国的公路建设和铁路建设提出了更高的要求。

3. 集装箱运输成熟阶段的特征

集装箱运输进入成熟阶段后，其特征主要表现在以下两个方面。

1）硬件与软件的成套技术趋于完善

干线全集装箱船向全自动化、大型化发展，出现了2500～4000 TEU（Twenty-foot Equivalent 标准箱）的第三代和第四代集装箱船，一些大航运公司纷纷使用大型船舶组成了环球航线。为了适应大型船停泊和装卸作业的需要，港口的大型、高速、自动化装卸桥也得到了进一步发展。为了使集装箱从港口向内陆延伸，一些先进国家对内陆集疏运的公路、铁路和中转场站及车辆、船舶进行了大量的配套设施建设。在运输管理方面，随着国际法规的日益完善和国际管理方式的逐步形成，实现了管理方法的科学化和管理手段的现代化。一些先进国家已从原仅限于港区的管理发展到与口岸相关各部门联网的综合信息管理，一些大公司已能通过通信卫星在全世界范围内对集装箱实行跟踪管理。先进国家的集装箱运输成套技术为发展多式联运打下了良好的基础。

2）开始进入多式联运和"门到门"运输阶段

实现多种运输方式的联合运输是现代交通运输的发展方向，集装箱运输在这方面具有独特优势。先进国家建立和完善了集装箱的综合运输系统，使集装箱运输突破了传统运输方式中"港到港"的概念，综合利用各种运输方式的优点，为货主提供"门到门"的优质运输服务，从而使集装箱运输的优势得到充分发挥。"门到门"运输是一项复杂的国际性综合运输系统工程，先进国家为了发展集装箱运输，将此作为专门学科，培养了大批集装箱运输高级管理人员、业务人员及操作人员，使集装箱运输在理论和实务方面逐步完善。

1.3.2　集装箱运输的发展趋势

集装箱运输是运输史上的一次伟大革命，是一种系统性的运输工程。集装箱运输不仅改变了传统的运输方式，而且对于推进经济要素全球化流通配置和构建世界贸易模式起到了举足轻重的作用。在世界范围内，凡是贸易活跃的地方必定集装箱运输发达；反过来，凡是集装箱运输发展较快的地方，贸易活动也活跃；二者相互依存，融合发展。

纵观集装箱运输的发展轨迹，以及运输技术的未来变化，可以预见今后集装箱运输会呈现以下发展趋势。

1. 国际集装箱运输量持续增长

相比其他运输方式，集装箱运输是一种较新的模式，这种运输方式本身还在不断地发展和变化，它将在整个运输中承担越来越大的市场份额。同时，短途的沿海集装箱运输量将有明显增加。

2. 国际集装箱船舶大型化

根据规模经济的规律，生产规模的扩大能使生产成本下降。为了参与国际范围内的竞争，减少运输成本，各大跨国航运公司纷纷投资，大力发展大型化集装箱船舶，世界集装箱船舶的平均载箱量逐年上升。根据 Clarkson 统计，2005 年之前，超巴拿马型集装箱船占全球集装箱船队运力比重的 3%左右，现已经达到 35%左右。目前，在欧美干线，8000 TEU 以上的大船层出不穷；在次干航线，巴拿马型船舶层出不穷；在近洋航线，1000 TEU 以上的船型被陆续投入到中日航线、东南亚航线等。

3. 国际集装箱码头深水化、大型化和高效化

随着集装箱船舶的大型化，水的深度越来越成为船运公司选择港口的重要因素。船舶的大型化要求有自然条件良好的、处于航运干线附近的深水港与之配套，因此，在全球运输中，枢纽港的作用日益重要。这些起枢纽作用的港口的稳定货源必须有众多的支线港予以支撑，因此，枢纽港非直接腹地货源所占的比重会不断增加。此外，集装箱向港口集聚的趋势已表现得越来越明显，新加坡集装箱吞吐量的急剧上升印证了这一点。因此，集装箱码头规模的扩大，港口深水化和高效化已成为枢纽港建设的必要条件。为此，集装箱码头将向着全自动化作业方向发展，装卸工艺将有突破性改进，作业设备将进入新一轮的更新换代时期。

4. 挂靠港减少，干线运输网络扩大

航运公司运力优化配置带来的最大效果就是运输服务质量的提高，这表现为航线挂靠港减少，服务密度增加，交货期缩短。在重组的以枢纽港为核心的新的港口群中，港口密度将进一步增加，大中小港口、大中小泊位、专业与通用泊位将更强调相互协调发展，港口群体将更注重港口间的密切协作和高度互补。

5. 适应现代社会对集装箱运输系统的柔性化需求

客户对于运输方式的多样化需求，预示着运输方式应具有更强的适应性，即不能再像过去那样无法对客户的需求作出敏捷的反应，而应该是现代社会所需要的更为"柔性"的运输服务系统，目前正在大力推进的集装箱多式联运正是顺应了这种需求。这种需求势必产生"运输支线与运输干线相连接,分流港与枢纽港相配合,大箱与小箱相配套"的集装箱运输新格局。

6. 集装箱运输组织方式将明显改变

集装箱运输多式联运成为一种普遍的趋势,少有依靠一种方式就能满足的集装箱运输。现代集装箱运输系统要求铁路、公路、水运、航空、港口、机场、仓储,以及相关的海关、检验检疫、货主企业等方面的协同组织,这正是提高运输效率,降低运输成本的关键。这种需求与人们追求运输系统整个过程的效率,降低整个过程的运输成本的要求是一致的。因此,集装箱运输系统的进一步集成化将成为未来的一种发展趋势。在海运方面,这种集成化趋势已经非常明显,主要体现在航运公司内部越来越趋于集中,外部不断走向联合。

7. 信息化将是未来集装箱运输管理的关键

近年来,信息网络技术的不断发展使得客户的需求也悄然发生了变化,越来越多的客户希望采用信息化手段实现交易,对航运公司电子商务的需求及依赖性越来越大。因此,航运公司必须以更加积极的态度加强信息系统的建设,发展电子商务,拓宽营销渠道,实现从单一的集装箱运输服务向实体服务与信息增值服务兼顾的转变。

8. 绿色航运将成为集装箱海运的发展趋势

随着公众对污染排放越来越关注,集装箱运输的环保问题已经被各航运公司提升到战略高度。可以预见,减少燃油消耗、使用低硫燃料、冷靠港(由船电切换到岸电)将是未来航运公司实施绿色航运的重要举措。

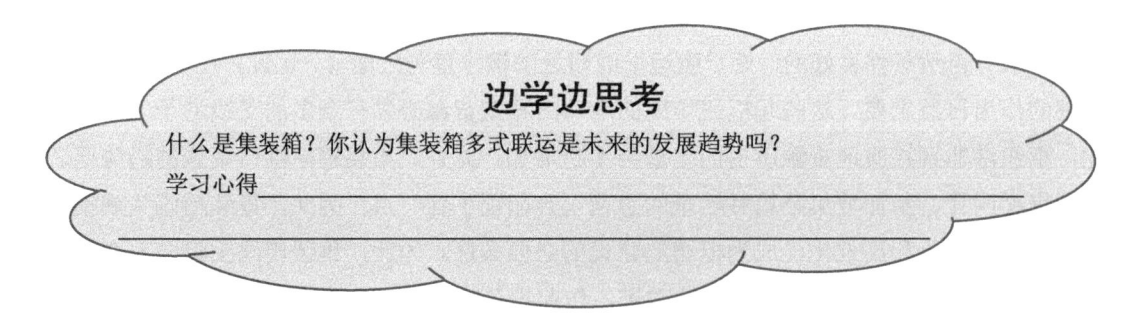

边学边思考

什么是集装箱?你认为集装箱多式联运是未来的发展趋势吗?

学习心得_____

_____

综合实训

实训内容	阐述集装箱运输和现代物流之间的关系
实训地点	物流实训中心
实训目的	运用所学知识,熟悉集装箱运输发展的历史及相关知识
实训要求	对学生进行分组,每组5~6人,分别负责不同内容,完成PPT汇报展示
实训评价与考核	各小组PPT展示,教师对学生完成情况进行点评

查阅材料：利用网络资源和其他文献资料，试从以下方面分析。

（1）现代物流的功能和目标；

（2）集装箱运输的功能和目标；

（3）分析集装箱运输的未来发展核心及与现代物流发展的融合。

巩固练习

一、判断题

1. 随着国际集装箱运输与多式联运的迅速发展，世界货运"集装箱化"的比例不断上升，集装箱运量不断提高。（   ）

2. 集装箱运输起源于英国。（   ）

3. 集装箱运输是一种标准化的运输方式。（   ）

二、多项选择题

1. 集装箱运输的特点（   ）。

A. 高效率　　　　　B. 高效益　　　　　C. 高投资　　　　　D. 高收益

2. 集装箱运输在国内发展的阶段分为（   ）。

A. 试运阶段　　　　B. 创业阶段　　　　C. 发展阶段　　　　D. 飞跃阶段

三、名词解释

集装箱　集装箱运输

四、简答题

根据所学知识，简述集装箱的发展趋势。

学习评价

学习评价表

学习内容	评价标准	配分	自我评价	同学互评	老师评价
集装箱的定义和标准	理解集装箱的定义和标准化的意义	30分			
集装箱运输的定义与特点	理解集装箱运输的定义及特点	30分			
集装箱运输的发展	了解集装箱运输的发展趋势	40分			
总　　分		100分			

第 2 章　集装箱及其标准化

学习目标

知识目标

- 了解集装箱及其标准化的含义。
- 了解集装箱的概念和特点。
- 认识集装箱的种类和标记。

能力目标

- 掌握集装箱标准化的重要性。
- 了解集装箱的分类。
- 掌握集装箱的标记。

素质目标

- 认识标准化的重要作用和意义，树立标准化意识。
- 培养全局意识、团队协作意识。

思维导图

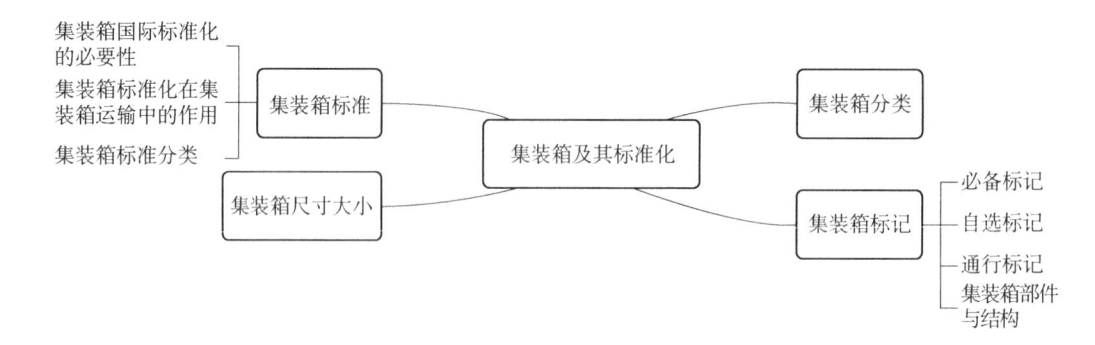

集装箱国际标准化的必要性
集装箱标准化在集装箱运输中的作用
集装箱标准分类
— 集装箱标准

集装箱尺寸大小

集装箱及其标准化

集装箱分类

集装箱标记
— 必备标记
— 自选标记
— 通行标记
— 集装箱部件与结构

案例导入

五花八门的集装箱

20 世纪 50 年代晚期，集装箱成为运输界谈论的话题。卡车运输公司在拖运集装箱，铁路公司在运载集装箱，泛大西洋公司的海陆联运业务在把集装箱装到轮船上，美国军方也在把集装箱运往欧洲。但是对于不同的群体来说，"集装箱"意味着不同的东西，在欧洲，集装箱通常是带着钢筋、高四五英尺的木板箱。对美国军方来说，集装箱主要是钢制的"康乃克斯箱子"，长 8.5 英尺、高 6 英尺，用来装运军人家庭的日用品。有些集装箱的设计便于带吊钩的起重机吊运，而有些则是底部有狭窄的沟槽，便于叉车搬运。纽约的制造商海运钢铁公司做广告的集装箱有 30 多个不同的型号。

集装箱的多样性威胁到了萌芽状态中的集装箱运输。如果一家运输公司的集装箱不适合装在另一家的轮船上或火车车厢里，那么各家公司就都需要有一支其客户专用的庞大集装箱运输队。一家出口商在把货物装进集装箱时必须小心谨慎，因为这些箱子或许只能装在某一家运输公司的船上，尽管有另一家公司的船能更早起航。一家欧洲铁路公司的集装箱将无法越过大西洋，因为美国的卡车和铁路不适合欧洲的集装箱尺寸；同时，美国各铁路公司也采用不兼容的集装箱系统，而这意味着纽约中央火车站上的一个集装箱将不能很容易地转运到密苏里太平洋铁路公司。随着集装箱变得越来越普遍，各家航运公司都将需要在每一个港口有自己的码头和起重机，不管它们在那里的业务有多少，也不管它们的轮船是不是很少在那里停泊。因为其他公司的设备将无法装卸它们的集装箱。只要集装箱的形状和尺寸五花八门，那么它们对降低货物运输的总成本不会起到多大作用。

对集装箱标准化的需求越来越迫切，即需要对集装箱的尺寸、结构、试验方法等建立标准，从而使集装箱在海、陆、空运输中具有通用性和互换性，提高集装箱运输的经济性及安全性，为集装箱的运输工具和装卸设备的选型、设计和制造提供依据，使集装箱运输成为相互衔接配套、专业化、高效化的运输体系。集装箱标准化极大地促进了集装箱运输在全球的广泛开展，使多式联运成为可能。

从规格不同的集装箱到标准化集装箱，从集装箱单一的运输方式到集装箱多式联运，从劳动力密集的码头到智慧码头，集装箱运输的标准化演变是一个不断"发现问题、研究问题、解决问题"的过程，其中充满了创新思维。事实上，问题存在的地方也是创造价值的地方，不仅能为行业本身创造价值，而且能为客户创造价值。集装箱箱体可以保护货物，而且集装箱可以露天堆放。现代集装箱运输过程中以机械装卸代替人力，不仅节约了劳动力，缩短了装卸时间，而且加快了运输工具的周转速度和运送速度，方便了各种运输方式之间的联合运输。

相关知识

2.1　集装箱标准

集装箱最大的成功在于其产品的标准化及由此建立的一整套运输体系。能够让一个载重几十吨的庞然大物实现标准化，并且以此为基础逐步建立全球范围内的船舶、港口、航线、公路、中转站、桥梁、隧道、多式联运相配套的物流系统,这的确堪称人类有史以来创造的伟大奇迹之一。

2.1.1 集装箱国际标准化的必要性

随着集装箱运输的发展,集装箱标准化问题成为其发展中必须解决的核心问题。

1. 国际运输的必然要求

集装箱运输是一种国际运输方式,同一种运输设备要在全球各个国家间运输、交接与周转,则其外形、结构、标志等就必须标准化,以保证所经过的各个国家、地区都能正常通过,使各个国家的装卸设备、运输工具均能适应。

2. 多式联运方式的必然要求

集装箱运输本质上是一种"多式联运",即在多数情况下,一个集装箱要经过两种或两种以上运输工具,完成它的"门对门"运输。所以集装箱设备本身在其外形和结构上必须标准化,以便能方便地在船舶、火车、卡车、飞机之间实施快速换装,并且便于紧固和绑扎。

3. 集装箱运输自身特点的必然要求

集装箱运输是一种抽象了具体运输货物的物理、化学特性的运输方式。在这种运输方式中,各种外形、特征各异的具体货物,都演变成了千篇一律的金属箱子,原来可凭借人们的视觉、嗅觉等感官直接加以区别的特征都没有了。这就要求集装箱有一些标准化的标记,便于相互识别,便于记录与传递信息。同时,集装箱本身是一种昂贵的运输设备,货主不可能为了少数几次运输而自行购置集装箱,一般都采用租用形式。因此,货主、箱主、接卸的物流结点、运输的船舶、卡车、火车之间,就构成了很复杂的运输链及交接关系。这也要求集装箱必须拥有标准化的、鲜明的外部标记,形成一个信息的多维空间,便于识别、记录与及时传输。

4. 集装箱运输过程安全的必然要求

集装箱是用来运输货物的,本身必须承载较大的负荷。集装箱经常需要在较为恶劣的环境下运营,如必须能承受远洋运输途中船舶的剧烈摇晃,火车、卡车启动与刹车的冲击,装卸过程中的冲击等。所以集装箱在强度上也必须有相应的标准规定,并有必要的检验与准用程序和规定。

2.1.2 集装箱标准化在集装箱运输中的作用

集装箱作为现代货运的主要工具,其运输中的标准化正发挥着重要的作用,是当今世界贸易发展道路的重要基石。标准化源于运输发展的实际需求,随着科学技术的发展,标准化和工业技术的应用,集装箱运输在世界贸易中具有重要意义。

首先,标准化提高了运输效率,可以缩短货物的运输时间及装卸时间。标准化的集装箱可以改善和提高船主的运输效率,减少所需的人力、物力和设备的投入。根据标准化的要求,集装箱的质量分类和性能指标也将得到改善。

其次，标准化可以提高货物的安全性。货物在运送过程中会遇到车辆运输、铁路运输及天气条件变化等情况，采用标准化的集装箱可以有效保护货物，提高货物的安全性。

再次，标准化有助于提高货物的装卸效率和价值，以及降低运输成本。通过使用标准化的集装箱尺寸，可以减少集装箱杂货的放置空间，船舶载重量可以得到提高，还可以降低货物损坏和丢失的风险，减少了货物运输过程中的额外费用，从而给运输成本带来一定的经济效益。

最后，标准化有助于技术标准的管理，缩短司法审判的时间。只要运输满足一定的标准，相关行为就可以合法化。由此可以确认各参与者在货物运输中承担的责任，减少不良行为和纠纷，促进贸易和经济的顺利发展。

综上所述，标准化的应用给运输业带来了诸多方便，它不仅可以提高运输效率和货物安全性，也可以降低运输成本，提升货物的价值，还可以简化司法审判的时间，真正起到了促进经济发展的作用。这种让人满意的结果可以归功于标准化，同时也说明在集装箱运输中标准化发挥着不可替代的作用。

2.1.3 集装箱标准分类

为有效开展国际集装箱多式联运，必须强化集装箱标准化，进一步做好集装箱标准化工作。集装箱标准按照使用范围可以分为国际标准、国家标准、地区标准和公司标准四种。

1. 国际标准集装箱

集装箱的国际标准历经了一个发展过程。国际标准化组织第 104 技术委员会自 1961 年成立以来，对集装箱国际标准做过多次补充、增减和修改，现行的国际标准为第 1 系列共 13 种，其宽度均一样（2438mm），长度有四种（12192mm、9125mm、6058mm、2991mm），高度有四种（2896mm、2591mm、2438mm、＜2438mm）。

2. 国家标准集装箱

国家标准指各国政府参照国际标准并考虑本国的具体情况，而制定的本国集装箱标准。我国现行国家标准《集装箱外部尺寸和额定重量》（GB/T 1413—2023）中规定了集装箱各种型号的外部尺寸、极限偏差及额定重量。

3. 地区标准集装箱

地区标准集装箱，是由地区组织根据该地区的特殊情况制定的，此类集装箱仅适用于该地区。如根据欧洲国际铁路联盟（VIC）所制定的集装箱标准而建造的集装箱。

4. 公司标准集装箱

公司标准指某些大型集装箱航运公司，根据本公司的具体情况和条件而制定的集装箱公司标准，这类集装箱主要在该公司运输范围内使用。如美国海陆公司的 35 英尺集装箱。

此外，目前世界上还有不少非标准集装箱。如总统轮船公司的 45 英尺及 48 英尺集装箱；非标准高度集装箱，主要有 9 英尺和 9.5 英尺两种高度集装箱；非标准宽度集装箱，主要有 8.2 英尺宽度集装箱等。由于经济效益的驱动，目前世界上 20 英尺集装箱总重达 30 吨的越来越多，而且普遍受到欢迎。随着中国经济的不断腾飞，我国进出口贸易也越来越频繁，从而使集装箱在市场上也得到更广泛的应用。

2.2　集装箱尺寸大小

集装箱内尺寸即集装箱内部的最大长、宽、高尺寸。高度为箱底板面至箱顶板最下面的距离，宽度为两内侧衬板之间的距离，长度为箱门内侧板量至端壁内衬板之间的距离。

GP 是 General Purpose 的简称，意为普通的、一般的，也即普柜（普通柜），分为 20GP 和 40GP，就是小柜与大柜之分：20GP 规格为 5.898 米×2.352 米×2.385 米，载重为 21.8 吨，容积为 33.2 立方米；40GP 规格为 12.032 米×2.352 米×2.385 米，载重为 27 吨，容积为 67.7 立方米。

HQ 是 High Cube Container 的简称，指高柜（超高柜），常见的是 40HQ，其规格为 12.032 米×2.352 米×2.698 米，载重为 27 吨，容积为 76.4 立方米，大多用于装一些高度高于普通柜的货物。

国际上常用的干货柜的尺寸如表 2.1 所示。

表 2.1　国际常用干货柜尺寸表

类型	内容积	配货毛重
45 英尺高柜	13.556 米×2.352 米×2.698 米	29 吨
20 英尺开顶柜	5.898 米×2.352 米×2.342 米	20 吨
40 英尺开顶柜	12.034 米×2.352 米×2.33 米	30.4 吨
20 英尺平底货柜	5.89 米×2.352 米×2.342 米	23 吨
40 英尺平底货柜	12.05 米×2.12 米×1.96 米	36 吨

2.3　集装箱分类

随着集装箱运输的发展，为适应不同种类货物的需要，出现了不同种类的集装箱。这些集装箱不仅外观不同，而且结构、强度、尺寸等也不相同，另外集装箱的制造材料及结构也有不同的种类。集装箱种类很多，分类方法多种多样，主要有以下分类方法。

1. 按集装箱用途分类

按集装箱用途可分为开顶集装箱、冷冻集装箱、挂衣集装箱、平台集装箱、框架集装箱、罐式集装箱、冷藏集装箱、通风集装箱和保温集装箱等。

开顶集装箱是用于装载玻璃板、钢制品、机械等重货，可以使用起重机从顶部装卸。框架集装箱是以箱底面和四周金属框架构成的集装箱，适用于长大件、超重货、轻泡货、重型机械、钢管等设备。罐式集装箱是由箱底面和罐体及四周框架构成的集装箱，适用于酒类、油类、化学品等液体货物。（如图2.1所示）

图 2.1　开顶集装箱示意图

平台集装箱是专供装运超限货物的集装箱，有一个强度很大的底盘，在装运大件货物时，可同时使用几个平台集装箱。（如图2.2所示）

2. 按集装箱的制造材料分类

制造材料是指集装箱主体部件（侧壁、端壁、箱顶等）的材料。据此可主要分成三种：钢制集装箱、铝合金集装箱、玻璃钢集装箱，此外还有木集装箱、不锈钢集装箱等。其中，钢制集装箱用钢材制成，优点是强度大，结构牢，焊接性高，水密性好，价格低廉。缺点是重量大、防腐性差。铝合金集装箱，用铝合金材料制成，优点是重量轻，外表美观，防腐蚀，弹性好，加工方便及加工费、修理费低，使用年限长。缺点是造价高，焊接性能差。玻璃钢集装箱，用玻璃钢材料制成，优点是强度大，刚性好，内容积大，隔热、防腐、耐化学性好，易清扫，修理简便。缺点是重量大，易老化，拧螺栓处强度降低。

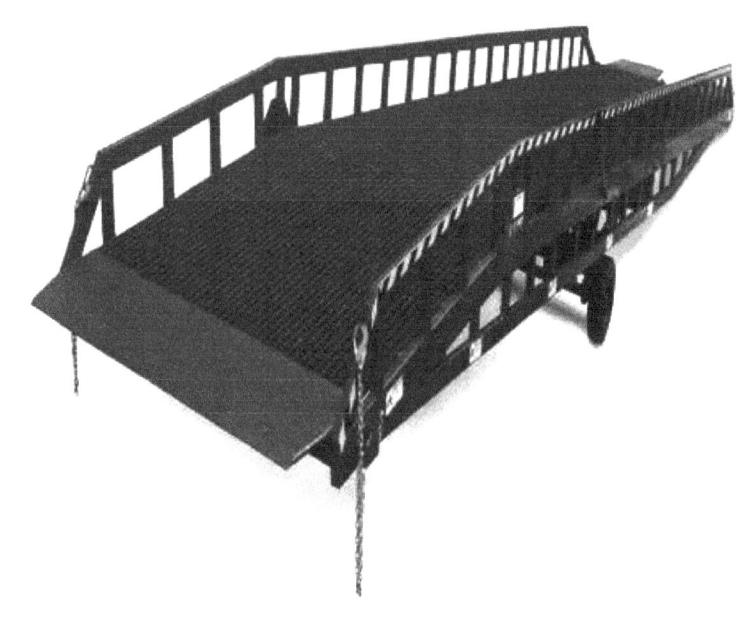

图 2.2　平台集装箱示意图

3. 按集装箱的结构分类

按集装箱结构可分为三类：固定式集装箱、折叠式集装箱、薄壳式集装箱。在固定式集装箱中还可分为密闭集装箱、开顶集装箱、板架集装箱等；折叠式集装箱，指集装箱的主要部件（侧壁、端壁和箱顶）能简单地折叠或分解，再次使用时可以方便地再组合起来；薄壳式集装箱，是把所有部件组成一个钢体，它的优点是重量轻，可以适应所发生的扭力而不会引起永久变形。

4. 按照所装运货物种类分类

按集装箱所装货物分为杂货集装箱、散货集装箱、罐式集装箱、冷藏集装箱，以及一些特种专用集装箱，如汽车集装箱、兽皮集装箱、牧畜集装箱等。

杂货集装箱是最普通的集装箱，主要用于运输一般杂货，适合各种不需要调节温度的货物使用的集装箱，一般称通用集装箱或普通集装箱。（如图2.3所示）

图 2.3　杂货集装箱示意图

兽皮集装箱是一种专门设计用来装运生皮等带汁渗漏性质的货物，有双层底，可存贮渗漏出来的液体的集装箱。（如图2.9所示）

图 2.9　兽皮集装箱示意图

5. 按集装箱的总重分类

按集装箱重量分为 30 吨集装箱、20 吨集装箱、10 吨集装箱、5 吨集装箱、2.5 吨集装箱等。

6. 按集装箱规格尺寸分类

国际上通常使用的干货柜有 20 英尺货柜、40 英尺货柜、40 英尺高柜等。

2.4　集装箱标记

为了便于集装箱在流通和使用中的识别和管理，便于单据编制和信息传输，国际标准组织制定了集装箱标记。

国际标准化组织规定的标记有必备标记和自选标记两类，每类标记分识别标记和作业标记，每类标记都必须按规定大小标识在集装箱规定的位置上。具体来说，集装箱上必须有箱主代号、箱号或顺序号、核对数字、集装箱尺寸及类型代号等。

2.4.1　必备标记

1. 识别标记

识别标记主要包括箱主代号、设备识别号、顺序号和核对数字。

1）箱主代号

国际标准化组织规定，箱主代号由四个大写的拉丁文字母表示，前三个由箱主自己规定，第四个字母一律用 U 表示。

2）设备识别号

由一个大写拉丁字母标识，分别为字母"U""J""Z"。每个字母代表不同的含义：

U——表示所有集装箱；

J——表示集装箱所配置的挂装设备；

Z——表示集装箱的专用车和底盘车。

3）顺序号

顺序号又称箱号，由 6 位阿拉伯数字组成。若有效数字不是 6 位，则在有效数字前用"0"补足 6 位，如"053842"。

4）核对数字

核对数字是用来对箱主代号和顺序号记录是否准确的依据。它位于箱号后，以一位阿拉伯数字加一方框表示。

例如：COSU 0012342RCX2030 依照相关标志规定反映了如下集装箱的情况。

（1）COSU——箱主代号，表示中国远洋运输公司；

（2）001234——顺序号、箱号；

（3）2——核对数学；

（4）RCX——集装箱登记国籍代码，表示中华人民共和国；

（5）20——尺寸代号，表示 20 英尺长，8 英尺高；

（6）30——类型代号，表示冷冻集装箱。

2. 作业标记

作业标记包括以下三项内容。

1）额定重量和自定重量标记

额定重量即集装箱总重，自重即集装箱空箱质量（或空箱重量），国际标准化组织规定应以千克（kg）和磅（lb）同时表示。

2）空陆水联运集装箱标记

由于该集装箱的强度仅能堆码两层。因而国际标准化组织对该集装箱规定了特殊的标志，该标记为黑色，位于侧壁和端壁的左上角，并规定标记的最小尺寸为高 127 毫米，长 355 毫米，字母标记的字体高度至少为 76 毫米。

3）登箱顶触电警告标记

该标记为黄色底各色三角形，一般设在罐式集装箱和位于登箱顶的扶梯处，以警告攀登者有触电危险。

2.4.2 自选标记

1）识别标记

（1）国家和地区代号，如中国用 CN、美国用 US。

（2）尺寸和类型代号（箱型代码）。

2) 作业标记

（1）超高标记。超高标记为在黄色底上标出黑色数字和边框，此标记贴在集装箱每侧的左下角，距箱底约 0.6 米处，且同时贴在集装箱主要标记的下方。凡高度超过 2.6 米的集装箱应贴上此标记。

（2）国际铁路联盟标记。凡符合《国际铁路联盟条例》规定的集装箱，可以获得此标记。该标记是在欧洲铁路上运输集装箱的必要通行标记。

2.4.3 通行标记

集装箱在运输过程中能顺利地过境主要就依靠它，箱上必须贴有按规定要求的各种通行标志，否则，必须办理烦琐的证明手续，这样就延长了集装箱的周转时间。

集装箱上主要的通行标记有安全合格牌照、集装箱批准牌照、防虫处理板、检验合格徽及国际铁路联盟标记等。

2.4.4 集装箱部件与结构

集装箱的结构根据其箱子的种类不同而有差异，占集装箱总数 85%以上的通用集装箱是一个六面的长方箱体，均为一端设门，一端为盲端。

1. **集装箱的方位性术语**

集装箱的方位性术语主要是指区分集装箱的前后左右一级纵横的方向和位置的定义。通用的集装箱方位术语如下：

（1）前端：指没有箱门的一端。

（2）后端：指有箱门的一端。

如果集装箱两端结构相同，则应避免使用前端和后端这两个术语；若必须使用，应依据标记、铭牌等特征加以区别。

（1）左侧：从集装箱后端向前看，左边的一侧。

（2）右侧：从集装箱后端向前看，右边的一侧。

由于集装箱在公路上行驶时，有箱门的一端必须装在拖车的后方，因此有的标准把左侧称为公路侧，右侧称为路缘侧。

（1）路缘侧：靠右行驶时，靠近路缘的一侧。

（2）公路侧：靠右行驶时，靠马路中央的一侧。

（3）纵向：指集装箱的前后方向。

（4）横向：指集装箱的左右方向。

2. **通用集装箱上的主要部件（如图 2.10 所示）**

（1）角件：集装箱箱体的八个角上都设有角件。角件用于支承、堆码、装卸和栓固集装箱。集装箱上部的角件称顶角件，下部的角件称底角件。在我国国家标准《系列 1 集装箱 角件技术要求》（GB/T 1835—2023）中规定，角件分甲、乙两种，甲种角件适用于 IAA 型和 ICC 型集装箱，乙种角件适用于 1D 型和 5D 型集装箱。对于小型集装箱，如 5D 型集装箱，也可以不设角件而采用吊环或其他形状的吊栓方案。

（2）角柱：指连接顶角件与底角件的立柱，是集装箱的主要承重部件。

（3）上端梁：指箱体端部与左、右顶角件连接的横向构件。

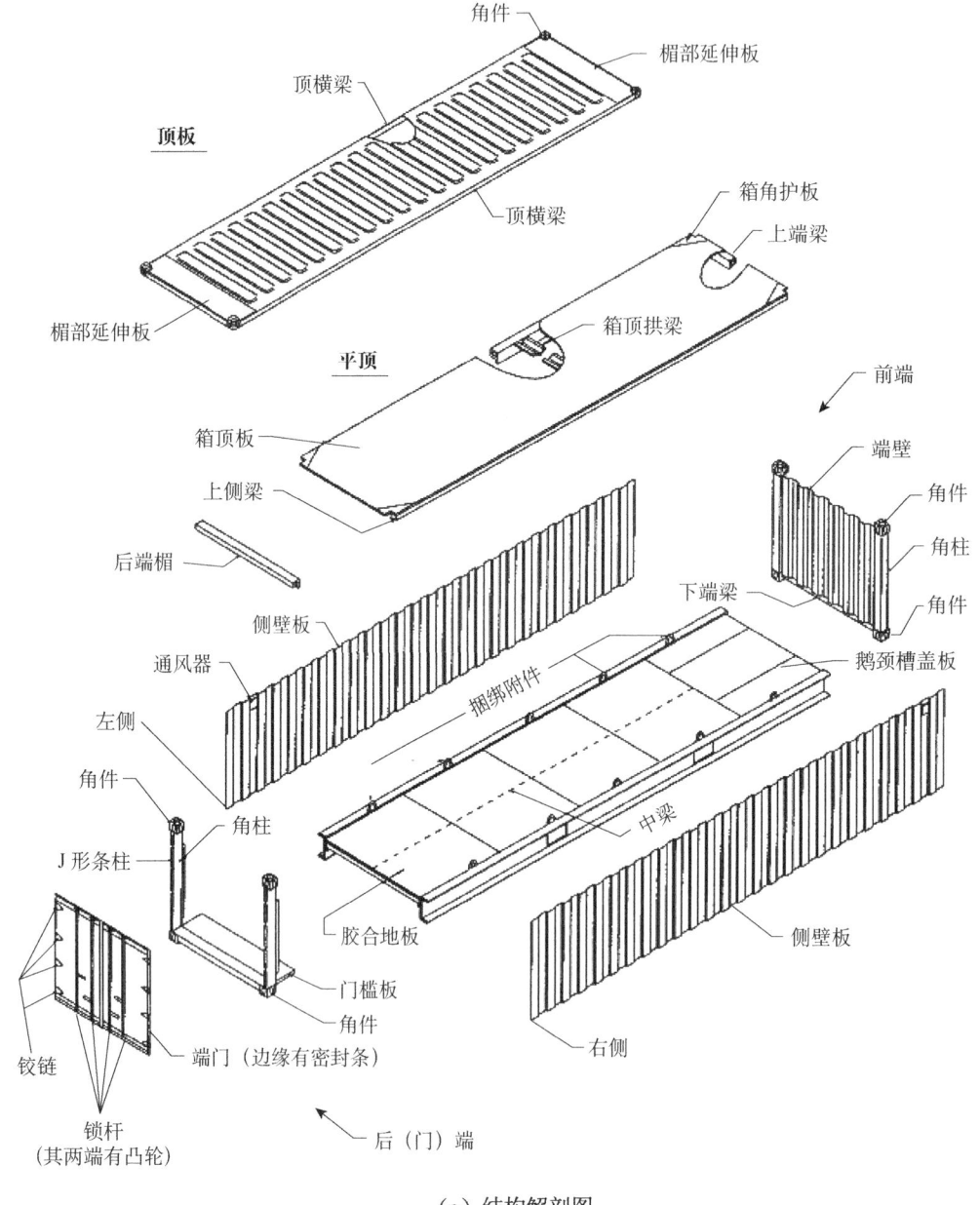

(a) 结构解剖图

图 2.10　通用集装箱各部件示意图

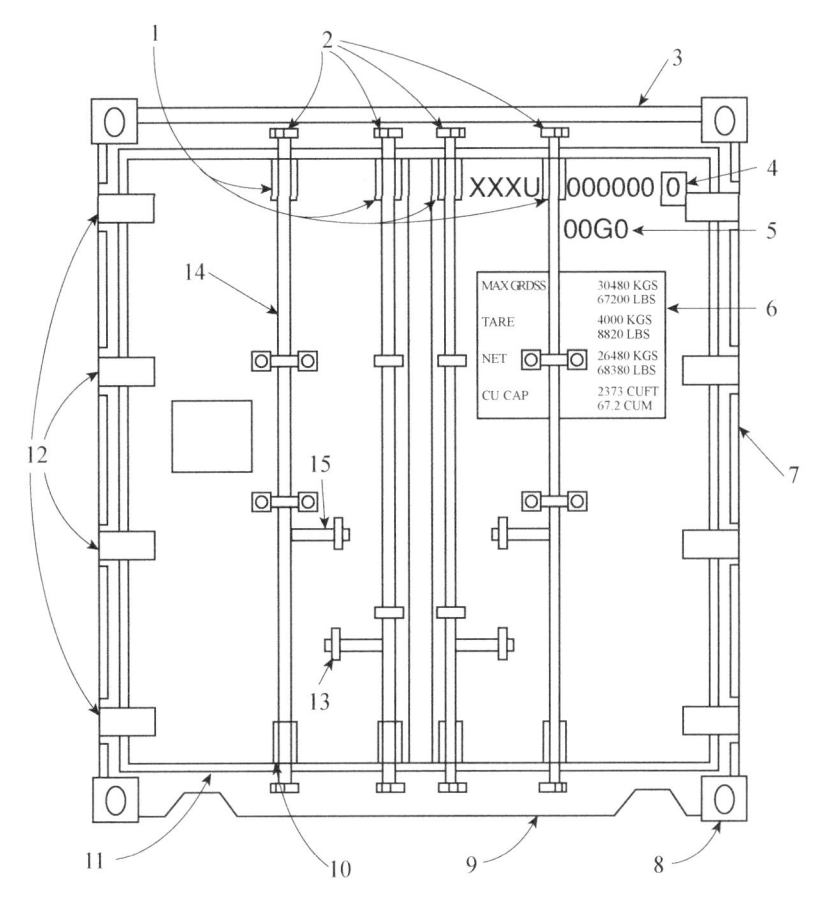

注：1. 锁杆支架；2. 锁杆凸轮锁头；3. 门楣；4. 箱门主代号及顺序号；5. 尺寸类型代码；6. 重量标志牌；7. J型条柱；8. 角件；9. 门槛；10. 锁杆支架；11. 门封条；12. 铰链；13. 门把托架盖；14. 锁杆；15. 门锁把手。

（b）箱门组件图

图 2.10 通用集装箱各部件示意图（续）

（4）下端梁：指箱体端部与左、右底角件连接的横向构件。

（5）门楣：指箱门上方的梁。

（6）门槛：指箱门下方的梁。

（7）上侧梁：指侧壁上部与前、后顶角件连接的纵向构件。左面的称左上侧梁，右面的称右上侧梁。

（8）下侧梁：指侧壁下部与前、后底角件连接的纵向构件。左面的称左下侧梁，右面的称右下侧梁。

（9）顶板：指箱体顶部的板。顶板要求用一张整板制成，不得用铆接或焊接成的板，以防铆钉松动或焊缝开裂而造成漏水。

（10）顶横梁：指在顶板下连接上侧梁，用于支承箱顶的横向构件。

（11）箱顶板：由顶板和顶横梁组合而成的组合件，使集装箱封顶。箱顶应具有标准规定的强度。

（12）鹅颈槽盖板：设在集装箱箱底前部，用以配合鹅颈式底盘车上的凹槽。带有鹅颈槽的集装箱主要与鹅颈式底盘车配合使用，其目的是降低集装箱卡车整车的高度，适合在通行高度受限的道路和隧道、桥梁等使用。

（13）端门：设在箱端的门，一般通用集装箱前端设端壁，后端设箱门。

（14）铰链：靠短插销（一般用不锈钢制）使箱门与角柱连接起来，保证箱门能自由转动的零件。

（15）锁杆支架：把锁杆固定在箱门上并使之能转动的承托件。

（16）锁杆凸轮锁头：设于锁杆端部的门锁件，通过锁件的转动，把凸轮嵌入凸轮座内，将门锁住。

（17）门锁把手：装在箱门锁杆上，在开关箱门时用来转动锁杆的零件。

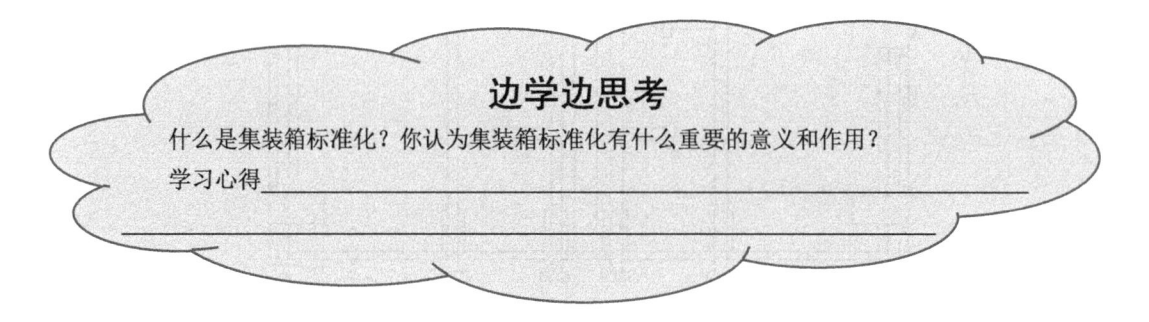

边学边思考

什么是集装箱标准化？你认为集装箱标准化有什么重要的意义和作用？

学习心得_____

综合实训

实训内容	熟悉集装箱标识
实训地点	集装箱堆场
实训目的	运用所学知识，进行集装箱识别
实训要求	对学生进行分组，5~6人为一组，进行集装箱识别游戏模拟
实训评价与考核	各小组抢答，最高分者胜

背景材料：去集装箱码头或堆场，条件不够可以下载集装箱视频或图片，观察集装箱，看看国际集装箱上应有什么标记内容。

1. 箱主代号、箱号及核对数字。
2. 国家代号及尺寸类型代号。
3. 最大总质量、箱体质量。
4. 船舶检验局徽记。
5. CSC 安全合格牌照。
6. 中华人民共和国海关批准牌照。

7. UIC 标记。

8. 木材免疫牌。

9. 箱主和制造厂铭牌。

注：最大总质量与 CSC 安全合格牌照内最大总质量应一致。

巩固练习

一、判断题

1. 设备识别代码 U 表示集装箱底盘车。（   ）
2. 类型代号第一位为拉丁文字母，表示箱型。（   ）
3. 为了保证航运公司正常运营，集装箱应该全部自备。（   ）

二、多项选择题

1. 下列属于集装箱必备标记的是（   ）。
   A. 箱主代号   B. 设备识别代号
   C. 类型代号   D. 安全合格牌照
2. 集装箱按照用途可以分为（   ）。
   A. 干货集装箱   B. 开顶集装箱
   C. 通风集装箱   D. 钢制集装箱

三、名词解释

集装箱　集装箱额定重量

四、简答题

根据所学知识，简述集装箱标准化的意义所在。

任务评价

任务实施评价表

任务内容	评价标准	配分	自我评价	同学互评	老师评价
集装箱分类	识别不同集装箱的分类	40 分			
集装箱标记	看懂集装箱标识	60 分			
总　分		100 分			

第 3 章　集装箱货物及其组织

学习目标

知识目标

- 了解集装箱货物的分类。
- 掌握集装箱货物装箱方式。
- 理解集装箱货物的交接方式。

能力目标

- 熟悉集装箱装箱检查流程。
- 熟悉集装箱货物装载要求。
- 掌握集装箱货物交接流程和操作。

素质目标

- 提高职业素养与能力，遵守集装箱国际运输法规。
- 提升团队意识，培养团队合作能力。

思维导图

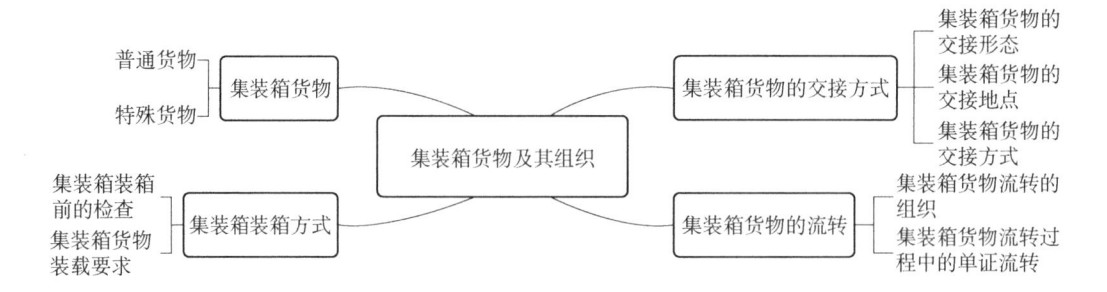

```
                                                            ┌─ 集装箱货物的交接形态
                    普通货物 ─┐                             │
                             ├─ 集装箱货物 ─┐   ┌─ 集装箱货物的交接方式 ─┼─ 集装箱货物的交接地点
                    特殊货物 ─┘             │   │                        │
                                            ├─ 集装箱货物及其组织 ─┤      └─ 集装箱货物的交接方式
                                            │   │
   集装箱装箱前的检查 ─┐                    │   │                        ┌─ 集装箱货物流转的组织
                      ├─ 集装箱装箱方式 ─────┘   └─ 集装箱货物的流转 ─────┤
   集装箱货物装载要求 ─┘                                                  └─ 集装箱货物流转过程中的单证流转
```

案例导入

集装箱货物货损案例

1997 年 10 月，原告燕丰进出口公司出口 7.26 万千克带壳花生，自天津新港海运至波兰格丁尼亚港。该批货物装载在承运人提供的五个 40 英尺集装箱内，深圳蛇口大洋海运有限公司代承运人法国达飞轮船有限公司签发了清洁提单。

该批货物于同年11月30日在德国汉堡港转船,实际承运人德翔航运公司签发了集装箱有缺陷的不清洁提单。12月1日,货物运到目的港波兰格丁尼亚港,经波兰格丁尼亚卫生检疫部门对五个集装箱货物抽样检查。结果显示:被检验的花生有霉变气味,霉变主要存在于花生壳上,该批货物被认为不适合人类消费及不能买卖。燕丰公司无奈只好委托达飞公司将该批货物运回天津港销毁。

2001年9月,天津海事法院一审判决:被告法国达飞轮船有限公司赔偿原告燕丰进出口有限公司回程运费及相关费用损失2.14万美元和回程到港后的费用人民币3.68万元;被告法国达飞轮船有限公司赔偿原告人保沧州分公司货物损失费用人民币65万元;驳回两原告对被告深圳蛇口大洋海运有限公司和被告法国达飞轮船有限公司的诉讼要求。法国达飞轮船有限公司不服,提起了上诉。

二审期间,双方当事人达成和解协议。2002年8月,法国达飞轮船有限公司撤回了上诉。

此集装箱运输案例货损分析。一是箱内货物包装存在缺陷,如货物包装强度不足等。二是集装箱本身亦存在缺陷。三是箱内货物装载不适,如不相容的货物装载在一箱。四是箱内系固方法不当,如货物垫衬、捆绑不当。五是集装箱在运输过程中因为箱内产生水分而造成货损。由此可见,熟悉集装箱货物特点及装箱方式对于集装箱安全运输尤为重要。

相关知识

3.1 集装箱货物

由于各种不同的集装箱适合装载各种不同的货物,所以集装箱货物分类的方法与普通货船运输时有所不同。一般可分为普通货物和特殊货物。

3.1.1 普通货物

普通货物一般通称为杂货,是指不需要用特殊方法进行装卸和保管,可按件计数的货物。其特点是批量不大,单价较高,具有较强的运输负担能力,经常用定期船运输。杂货根据其包装形式和货物,性质又可分为清洁货和污货两类。

1. 清洁货

清洁货又称"细货"或"精良货",是指清洁而干燥,在积载和保管时无特殊要求,如与其他货物混载,不会损坏或污染其他货物的货物。如纺织品、棉纱、布匹、橡胶制品、陶瓷器、漆器、电气制品、玩具等。

2. 污货

污货又称"粗货",是指按本身的性质和状态,容易发潮、发热、风化、融解、发臭,或者有可能渗出液体、飞扬货粉、产生害虫而使其他商品遭受损失的货物。这类货物包括可能渗出汁液的兽皮，飞扬尘末的水泥、石墨，污损其他货物的油脂、沥青，生虫的椰子壳、牛骨、干燥生皮，发出强烈气味的胡椒、樟脑、牛皮等。

3.1.2 特殊货物

特殊货物是指在性质、重量、价值、形态上具有特殊性，运输时需要用特殊集装箱装载的货物。它包括冷藏货、活动（植）物、重货、高价货、危险货、液体货、易腐货和散货等。

1. 冷藏货

冷藏货指需要用冷藏集装箱或保温箱装箱运输的货物，如水果、蔬菜、鱼类、肉类、鸡蛋、奶油、干酪等。

2. 活动（植）物

活动（植）物指活的家禽、家畜和其他动物及树苗等植物。

3. 重货

指单件重量特别大的货物，如重型机械等。我国对水路运输中笨重货物的规定有以下三个标准：

（1）交通运输部沿海直属水运企业规定：重量超过 3 吨，长度超过 12 米。

（2）长江航运和各省（市、自治区）沿海水运企业规定：重量超过 2 吨，长度超过 10 米。

（3）各省（市、自治区）内河水运企业规定：重量超过 1 吨，长度超过 7 米。在国外，一般平均每件重量超过 3.6 吨的货物，按笨重货物处理。

4. 高价货

高价货指按容积或重量来计算，其价格都比较昂贵的货物，如生丝、丝绸、丝织品、照相机、电视机，以及其他家用电器等。

5. 危险货

危险货指本身具有易燃、易爆、有毒、有腐蚀性、放射性等危险性的货物。装箱时必须有特别的安全措施，装船时也必须有特别的安全措施，以保证运输设备及人身安全。

6. 液体货

液体货指需装在罐、桶、瓶等容器内进行运输的液体或半液体货。许多液体货还具有一定程度的危险性。液体货易泄漏和挥发，经常会出现污损或污染其他货物的情况。

7. 易腐货

易腐货指在运输途中因通风不良或温度高、湿度大而易腐败变质的货物。

8. 散货

散货指粮食、盐、煤、矿石等无特殊包装的散装运输的货物。随着集装箱运输的发展，水泥、糖等也可以用集装箱散装运输。

3.2 集装箱装箱方式

集装箱是一个容器，它装载货物的数量较多，而且是在封闭情况下进行运送的，一旦箱内货物装载不良或变质而危及运输安全和货物完好时，不易被发现，即使发现了，可能也为时已晚，并且要纠正不科学的积载也比较困难。

3.2.1 集装箱装箱前的检查

开展集装箱的国际多式联运，应以实行门到门运输为原则。因此，在选用集装箱运输时，还必须注意到内陆运输的条件。选用集装箱时，主要考虑的还是根据货物的不同种类、性质、形状、包装、体积、重量及运输要求采用其合适的箱子。首先要考虑的是货物是否装得下，其次考虑在经济上是否合理，与货物要求的运输条件是否符合。

集装箱在使用前，必须进行严格检查。一旦集装箱有缺陷，轻则导致货损，重则在装卸中有可能发生严重人身伤亡。所以，对集装箱的检查是货物安全运输的基本条件之一。通常，对集装箱的检查应做到以下几点。

（1）符合集装箱国际标准和国际安全公约标准，具有合格检验证书。

（2）集装箱的4个角柱、6个壁、8个角要外表状态良好，没有明显损伤、变形、破口等不正常现象。板壁凹损应不大于30毫米，任何部件凸损不得超过角配件外端面。

（3）箱门应完好、水密，能开启270度，栓锁完好。

（4）箱子内部清洁、干燥、无异味、无尘污或残留物，衬板、涂料完好。

（5）箱子所有焊接部位牢固、封闭好、不漏水、不漏光。

（6）附属件的强度、数量满足有关规定和运输需要。

（7）箱子本身的机械设备（冷冻、通风等）完好，能正常使用。

在使用前，使用者应对集装箱进行仔细全面的检查，包括外部、内部、箱门、清洁状况、附属件及设备等。通常发货人（用箱人）和承运人（供箱人）在箱子交接时，需共同对箱子进行检查，并以设备交接单确认箱子交接时的状态。

3.2.2 集装箱货物装载要求

集装箱适用于装运多种品类的货物，但这些货物并非都是能够互相配载的，装箱前如没能根据货物的性质、特点、规格等加以合理挑选组合，运输过程中就容易发生货运事故。

为了确保集装箱货运质量，必须注重对集装箱货物的合理装载和固定，集装箱货物的装载必须满足以下两个基本要求。

（1）确保货物的完好和运输安全，不断提高运输服务质量。

（2）集装箱装载重量和内容积应得到充分利用，不断提高集装箱的利用率。

集装箱作业的质量直接关系到货物完好与运输安全，在集装箱作业进行之前，应对集装箱的卫生条件和技术条件进行认真的目测检查。

1. 集装箱装载货物的一般要求

1) 质量和载荷

货物装箱时，任何情况下箱内所装货物的重量不能超过集装箱的最大装载量。根据货物的体积、质量、外包装的强度，以及货物的性质进行分类，把外包装坚固、质量较大的货物装在下面，外包装脆弱、质量较轻的货物装在上面，装载时要使货物的质量在箱底上平均分布。箱内负荷不得偏于一端或一侧，特别是严格禁止负荷重心偏在一端的情况。如箱子某一部位装载的负荷过重，则有可能使箱子底部结构发生弯曲或有脱开的危险。

2) 衬垫

装载货物时，要根据包装的强度决定衬垫。夹衬应采用缓冲材料，使负荷平均分布，以防止装载在下面的货物被压坏，特别是包装脆弱货物或易碎商品，以及湿货（包括桶装或罐装液体货）等，更应注意采用适宜的隔热物料。装箱时不要用不同包装的货物填塞集装箱的空位，除非这种包装的货物是完全适合拼装的。

3) 固定

货物与货物之间、集装箱侧壁与货物之间如有空隙，在运输中由于摇摆而使货物移动，造成塌货和破损，还有可能损坏其他货物，并破坏集装箱的侧壁，甚至损坏其他集装箱。有时集装箱到达目的地打开门时，由于装在箱门附近的货物倒塌，还会引起人身伤亡和货物损坏，因此对货物需要进行充分的固定。

使运输过程中的货物在集装箱内不产生移动的作业叫作"固定"，通常有如下几种方法。

（1）支撑。用方形木条等支柱使货物固定。

（2）塞紧。货物之间或货物与集装箱侧壁之间用方木等支柱在水平方向加以固定，或者插入填塞物、缓冲垫、楔子等防止货物移动。

（3）系紧。集装箱内的系紧就是用绳索、带子等索具捆绑货物。

在任何情况下，都不能把货物直接固定在集装箱内部任何一个平面上，因为在集装箱上钻孔会破坏箱子的水密性。

由于集装箱的侧壁、端壁、门板处的强度较弱，所以在集装箱内进行固定作业时要注意支撑和塞紧的方法，不要直接撑在这些地方使它承受局部负荷，而必须设法使支柱撑在集装箱的主要构件上。此外，为了使货物能有效地固定并保护货物，有时也将衬垫材料、扁平木材等，制成栅栏来固定。

4) 缓冲材料

为了填补货物和货物与集装箱侧壁之间的空隙，防止货物的破损、湿损、污损，有必要在货物之间插入木板、覆盖物之类的隔货材料，这些材料多半为货板、木框、缓冲垫等填塞物。

目前最新的方法是使用合成橡胶制的空气垫。它利用牵引车上的压缩空气把气垫吹膨起来，除了能固定货物，它同时还起着缓冲作用，但同时存在价格昂贵的缺点。

5) 货物的混载

把许多种货物装在同一集装箱内时，要注意货物的性质和包装，如有可能会引起事故时就要避免混载。例如，有水分的货物与干燥货物；一般货物与污臭货物及粉末货物；危险货物与非危险货物；两种以上不同的危险货物等。

为了防止货物发生事故，需要采用与该包装相适应的装载方法，利用集装箱装载的典型货物有油箱装货、波纹纸板箱货、捆绑货、袋装货、货板（托盘）货、危险货物等。

集装箱货物的现场装箱作业，通常有三种方法。

（1）全部用人力装箱。

（2）用叉式装卸车（铲车）搬进箱内再用人力堆装。

（3）全部用机械装箱，如货板（托盘）货用叉式装卸车在箱内堆装。

这三种方式中，第三种方式最为理想，装卸率最高，发生货损事故最少，因此集装箱内进行货物装卸作业时，应严格按照有关的操作规程，尽可能地采用相应的装卸搬运机械作业。例如手推搬运车、输送式装箱机、叉车等，以减轻劳动强度，提高装卸作业效率。

2. 特殊货物的装载要求

对一些特殊货物和特种集装箱进行货物装载时，除上述一般要求与方法外，还有一些特殊的要求。这些货物和集装箱装载时，必须充分保证满足这些特殊要求。

1）超尺度和超重货物装载要求

超尺度货物是指单件长、宽、高的实际尺度超过国际标准集装箱规定尺度的货物；超重货物指单件重量超过国际标准集装箱最大载货量的货物。国际标准集装箱是有统一标准的，特别在尺度、总重量方面都有严格的限制，集装箱运输系统中使用的装卸机械设备、运输工具（集装箱船、集卡等）也都是根据这一标准设计制造的。如果货物的尺寸、重量超出这些标准规定值，对装载和运输各环节来说，都会带来一些困难和问题。

（1）超高货。一般干货货箱有效高度是有一定范围的，若货物高度超过这一范围，则为超高货，超高货物必须选择开顶箱或板架箱装载。集装箱装载超高货物时，应充分考虑运输全程中给内陆运输（铁路、公路）车站、码头、装卸机械、船舶装载带来的问题。内陆运输线对通过高度都有一定的限制（各国规定不甚一致），运输时集装箱连同运输车辆的总高度一般不能超过这一限制。

集装箱船舶装载超高货物时，只能装在舱内或甲板上的最上层。

（2）超宽货物。超宽货物一般应采用板架箱或平台箱运输。集装箱运输允许货物横向突出（箱子）的尺度要受到集装箱船舶结构（箱格）、陆上运输线路（特别是铁路）允许宽度的限制，受到使用装卸机械种类的限制（如跨运车对每边超宽量大于10厘米的集装箱无法作业），超宽货物装载时应给予充分考虑。

集装箱船舶装载超宽货箱时，若超宽量在小于150毫米，则可以与普通集装箱一样装在舱内或甲板上；若超宽量大于150毫米，则只能在舱面上装载，且相邻列位必须留出。

（3）超长货物。超长货物一般应采用板架箱装载，装载时需将集装箱两端的插板取下，并铺在货物下部。超长货物的超长量有一定限制，最大不得超过306毫米。

集装箱船舶装载超长货箱时，一般装于甲板上（排与排之间间隔较大）；装载舱内时，相邻排位必须留出。

（4）超重货物。集装箱国际标准对集装箱（包括货物）总重量是有明确限制的，所有的运输工具和装卸机械都是根据这一总重量设计的。货物装入集装箱后，总重量不能超过规定值，超重是绝对不允许的。

2）冷藏（冻）货装载要求

装载冷藏（冻）货的集装箱应具有供箱人提供的该集装箱的检验合格证书。

货物装箱前，箱体应根据使用规定的温度进行预冷。货物装箱时的温度应达到规定的装箱温度。温度要求不同或气味不同的冷藏货物绝不能配入一箱。运往一些有宗教信仰（特别是伊斯兰教）地区的集装箱货，不能把猪肉与家禽、牛羊肉配装在同一箱内。

货物装载过程中，制冷应停止运转；注意货物不要堵塞冷气通道和泄水通道；装货高度不能超过箱中的货物积载线。装货完毕关门后，应立即使通风孔处于要求的位置，并按货主对温度的要求及操作控制好箱内温度。

3）危险品装载要求

集装箱内装载的每一票危险货物必须具备危险货物申报单。装箱前应对货物及应办的手续、单证进行审查，不符合《国际海运危险货物规则》的包装要求或未经商检、港监等部门认可或已发生货损的危险货物一律不得装箱。

危险货物一般应使用封闭箱运输，箱内装载的危险货物任何部分不得凸出箱容。装箱完毕后应立即关门封锁。

不得将危险货物和其他性质与之不相容的货物拼装在同一集装箱内。当危险货物仅占箱内部分容积时，应把危险品装载在箱门附近，以便于处理。

装载危险品货物的集装箱，至少应有4幅尺度不小于250毫米×250毫米的危险品类别标志牌贴在箱体外部4个侧面的明显位置上。

装箱人在危险货物装箱后，除提供装箱单外，还应提供集装箱装箱证明书，以证明已正确装箱并符合有关规定。

装载危险货物的集装箱装卸完后，应采取措施使集装箱不具备危险性并去掉危险品标志。

4）散装干货装载要求

用散货集装箱运输干散货可节约劳动力、包装费、装卸费。散货集装箱的箱顶上一般都设有2~3个装货口，装货时利用圆筒仓或仓库的漏斗或使用带有铲斗的起重机进行装载。散货集装箱一般采用将集装箱倾斜使散货产生自流的方法卸货。当选定装载散货的集装箱时，必须考虑装货地点和卸货地点的装载和卸载的设备条件。

当运输散装的化学制品时，首先要判明其是否属于危险货物；在运输谷物、饲料等散货时应注意货物是否有熏蒸要求。因此，在装货前应查阅进口国的动植物检疫规则，对需要进行熏蒸的货物应选用有熏蒸设备的集装箱装运。

在装运谷物和饲料等货物时，为了防止水湿而损坏货物，应选用有箱顶内衬板的集装箱装运。在装载容易飞扬的粉状散货时，应采取措施进行围圈作业。

5）液体货物装载要求

液体货物采用集装箱运输有两种情况。一是装入其他容器（如桶）后再装入集装箱运输，在这种情况下货物装载应注意的事项与一般货物或危险货物（属危险品）类似；二是散装液体货物，一般需用罐式箱运输，在这种情况下，货物散装前应检查罐式集装箱本身的结构、性能和箱内能够满足货物运输的要求；检查应具备必要的排空设备、管道及阀门，其安全阀应处于有效状态。装卸时应注意货物的比重（密度）要和集装箱允许载重量与容量比值一致或接近。在装卸时如需要加温，则应考虑装货卸货地点要有必需的热源（蒸汽源或电源）。

6）动植物及食品装载要求

运输该类货物的集装箱一般有密封和非密封式（通风）两类。装载这类货物时应注意，货物应根据进口国要求，经过检疫并得到进口国许可。一般要求托运人（或其代理人）事先向港监、商检、卫检、动植物检疫等管理部门申请检验并出具合格证明后方可装箱。需做动植物检疫的货物不能同普通货物装在同一箱内，各类特殊货物装箱完毕后，应采取合适的方法进行，以免熏蒸时造成货损。

3.3 集装箱货物的交接方式

集装箱运输实现了"门到门"的目标，这些变化必然会引起集装箱运输系统中货物的交接和流转方式发生变化，为使集装箱运输的优越性得到充分发挥，集装箱货物的交接和流转方式都具有鲜明的特点。

3.3.1 集装箱货物的交接形态

在集装箱运输中，货方（发货人、收货人）与承运方货物的交接形态有两种，即整箱货交接与拼箱货交接。

整箱货交接，是指发货人、收货人与承运人交接的货物是一个（或多个）装满货物的整箱货。发货人自行装箱并办理好加封等手续，承运人接收的货物是外表状态良好、铅封完整的集装箱；货物运抵目的地时，承运人将同样的集装箱交付收货人，收货人自行将货物从箱中掏出。

拼箱货交接，一般发生在发货人一次托运的货物数量较少，不足以装满一个集装箱，而针对这些货物的贸易合同又要求使用集装箱运输，为了减少运费，承运人根据流向相同的原则将一个或多个发货人的少量货物装入同一个集装箱进行运输。这一般意味着承运人以货物原来的形态从各发货人手中接收货物，由承运人组织装箱运输，运到合适的地点后，承运人将货物从箱中掏出，并以原来的形态向各收货人交付。拼箱货物的交接、装拆箱工作可在码头集装箱货运站、内陆货运站或中转站等地进行。

在集装箱运输中，有时也会出现这两种交接形态结合的情况，即承运人从发货人处以整箱形态接收货物，而以拼箱形态交付货物（针对每个箱中的货物只有一个发货人，多个收货人的情况）或相反（针对每个箱中的货物有多个发货人，而只有一个收货人的情况）。

3.3.2 集装箱货物的交接地点

在集装箱运输中，集装箱货物的交接地点一般有三类：发货人、收货人的工厂或仓库，集装箱码头堆场和集装箱货运站。

1. 发货人、收货人的工厂或仓库交接

仓库交接指承运人或其代理人在发货人的工厂、仓库接收货物或在收货人的工厂、仓库交付货物。此时交接的集装箱货物都是整箱交接，一般由发货人或收货人自行装（拆）箱，运输经营负责人自行完成货物接收地点到交付地点的全程运输。

2. 集装箱码头堆场交接

集装箱码头堆场交接，一般意味着发货人应自行负责装箱及集装箱发到发货港码头堆场的运输，承运人或其代理人在码头堆场接收货物，责任开始。货物运达卸货港后，承运人或其代理人在码头堆场上向收货人交付货物时，责任终止。由收货人自行负责集装箱货物到最终目的地的运输和掏箱。

在集装箱码头堆场交接的货物都是整箱交接。当然，除在码头堆场交接外，还包括在内陆地区的集装箱内陆货运站的交接。此时，与货主进行集装箱运输堆场货物交接的一般是联运经营人，他还要负责从接收货物的堆场到码头堆场间的运输。集装箱货物内陆交接也是整箱交接。

3. 集装箱货运站交接

货运站一般包括集装箱码头的货运站、集装箱内陆货运站或中转站。此种货物交接通常是拼箱交接，因此交接一般意味着发货人自行负责将货物送到集装箱货运站，承运人或其代理人在货运站以原来形态接收货物并负责安排装箱，然后组织海上运输或陆海联运。货物运到目的地货运站后，运输经营人负责拆箱并以货物的原来形态向收货人交付。收货人自行负责提货后的事宜。

3.3.3 集装箱货物的交接方式

在集装箱运输中，根据实际交接地点不同，集装箱货物的交接有多种方式，在不同的交接方式中，集装箱运输经营人与货方承担的责任、义务不同，集装箱运输经营人的运输组织的内容、范围也不同。

集装箱货物的交接方式有以下几种。

1. 场到场

场到场即 FCL-FCL 的交货类型。承运人从出口国集装箱码头整箱接货，运至进口国集装箱码头整箱交货的一种交接方式。

2. 场到站

场到站即 FEL-LCL 的交货类型。承运人从出口国集装箱码头整箱接货，运至进口国指定的集装箱货运站，拆箱后散件交收货人。

3. 场到门

场到门即 FCL-FCL 的交货类型。承运人从出口国集装箱码头整箱接货,运至进口国收货人的工厂或仓库整箱交货。

4. 站到场

站到场即 LCL-FCL 的交货类型。承运人从出口国指定的集装箱货运站散件接货,拼箱后运至进口国集装箱码头整箱交货。

5. 站到站

站到站即 LCL-LCL 的交货类型。承运人从出口国指定的集装箱货运站散件接货,拼箱后运至进口国指定的集装箱货运站,拆箱后散件交收货人。

6. 站到门

站到门即 LCL-FCL 的交货类型。承运人从出口国指定的集装箱货运站散件接货,拼箱后运至进口国收货人的工厂或仓库整箱交货。

7. 门到场

门到场即 FCL-FCL 的交货类型。承运人从出口国发货人的工厂或仓库整箱接货,运至进口国集装箱码头整箱交货。

8. 门到站

门到站即 FCL-LCL 的交货类型。承运人从出口国发货人的工厂或仓库整箱接货,运至进口国指定的集装箱货运站,拆箱后散件交收货人。

9. 门到门

门到门即 FCL-FCL 的交货类型。承运人从出口国发货人的工厂或仓库整箱接货,运至进口国收货人的工厂或仓库整箱交货。

以上 9 种交接方式是集装箱运输中集装箱货物基本的交接方式。除场到场交接方式适用于海运单一方式运输(包括海上转运和海海联运)外,其他交接方式都是集装箱货物多式联运下的交接方式。其中最方便货主并体现集装箱综合运输优越性的方式是门到门。

3.4 集装箱货物的流转

3.4.1 集装箱货物流转的组织

1. 集装箱货物流转的组织形式

集装箱货物流转的组织形式主要有以下四种。

(1)拼箱货装,整箱货拆;

(2)拼箱货装,拼箱货拆;

（3）整箱货装，整箱货拆；

（4）整箱货装，拼箱货拆。

一般集装箱货物的流转程序如图3.1所示。

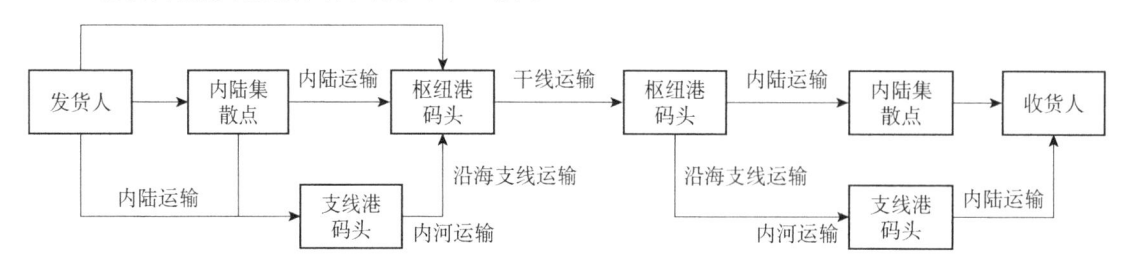

图 3.1　一般集装箱货物的流转程序

2. 拼箱货的流转

拼箱货（less than container load，LCL）是指装不满一整箱的小票货物。

拼箱货的流转程序是：把货物先用卡车或其他运载工具从货主处装运到集装箱货运站进行拼箱，拼箱后，将集装箱运送到码头堆场进行运输，到达目的地货运站后进行拆箱作业，最后交给收货人，如图3.2所示。

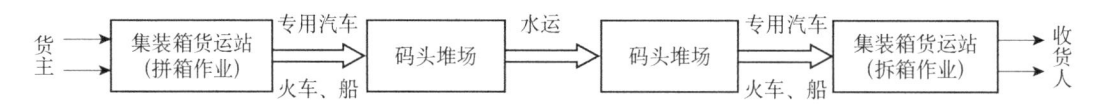

图 3.2　拼箱货的流转程序

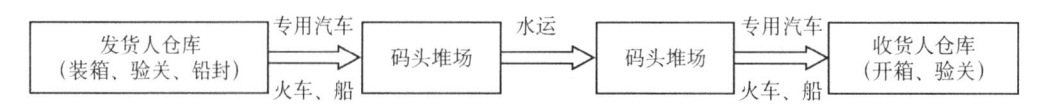

3. 整箱货的流转

整箱货（full container load，FCL）是指由发货人负责装箱、计数、填写装箱单，并由海关加铅封的货物。

整箱货的流转是将货物直接从发货人处（如发货人的仓库）装箱、验关（出口）。一般货物批量大，全部货物均属于一个货主，到达地也一致。货物从发货人处装箱后一直到收货人拆箱为止，一票到底，整箱货的流转程序如图3.3所示。

图 3.3　整箱货的流转程序

4. 集装箱货物流转对物流活动的影响

集装箱货物流转对物流活动的影响主要包括以下几个方面。

（1）货物流转重新整合，运输方式的分工更加明确；

（2）各种运输方式的运输能力及运输效率有了显著提高；

（3）公路与铁路运输合理运输距离的分界点有所改变；

(4) 运输装卸效率及货物的安全性有了明显提高。

3.4.2 集装箱货物流转过程中的单证流转

1. 集装箱货物流转的程序

集装箱货物流转的程序如下所述。

(1) 订舱；
(2) 确认；
(3) 发放空箱；
(4) 拼箱货装运交接；
(5) 整箱货装运交接；
(6) 集装箱交接签证；
(7) 换取提单；
(8) 装船。

2. 出口货运主要单证及其流转

如图 3.4 所示是集装箱出口货运主要单证流程图。

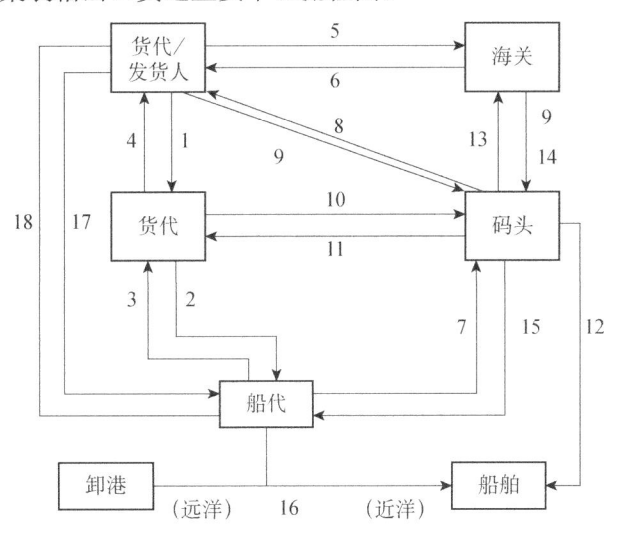

注：1. 货物出口委托书；2. 托运单；3. 装货单；4. 装货单；5. 装货单，出口报关单，合同副本，信用证副本，商业发票，出口许可证；6. 海关放行证；7. 预配清单，预配船图，装货清单，货物舱单；8. 设备交接单；9. 装箱单，设备交接单；10. 装货单；11. 场站收据；12. 装船顺序单；13. 装货清单（船代），装货单（货代）；14. 监管；15. 实装船图，理货报告（理货提供）；16. 实装船图，货物舱单，运费舱单，集装箱装载清单，提单副本，特殊货物清单，清单，装箱单，危险品货物说明书，冷藏货物清单；17. 场站收据；18. 提单。

图 3.4 集装箱出口货运主要单证流程图

3. 进口货运主要单证及其流转

如图 3.5 所示是集装箱进口货运主要单证流程图。

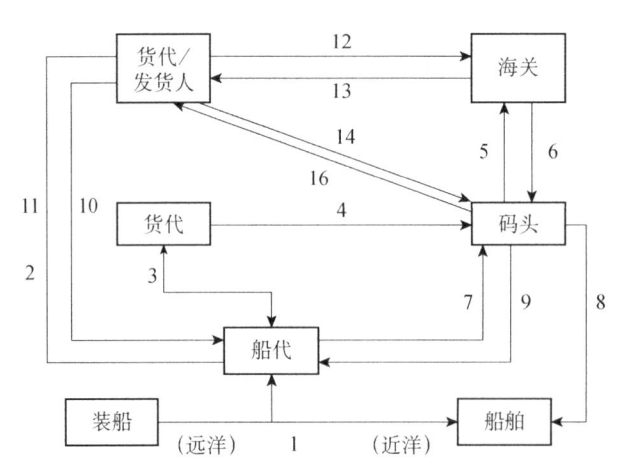

```
                    12
        ┌─货代/─────────→ 海关
        │ 发货人 ←────────
        │         13
        │      ↖  14         ↕ 5  ↕ 6
        │ 10    16   4
    11      货代 ─────────→ 码头
     2      │ 3
            ↓         7  9    8
            船代
            ↑
    装船 ─────── 1 ──────── 船舶
       (远洋)      (近洋)
```

注：1. 实装船图，货物舱单，危险品清单，运费舱单，集装箱装载清单，提单副本，装箱单，商务资料（商务资料流转仅限于有协议的情况下）；2. 到货通知书；3. 货物舱单，危险品清单，提单副本，商务资料；4. 流向单；5. 货物舱单（船代），流向单（货代）；6. 监管；7. 实装船图，危险品清单，装箱单，货物舱单；8. 卸船顺序单；9. 理货报告（理货提供）；10. 提单；11. 提货单；12. 进口报关单，合同副本，商业发票，进口许可证，提货单，免税说明书，来料加工/进料加工手册，补偿贸易登记手续质量/重量证明产地证明书；13. 海关放行证；14. 提货单，费用账单，交货记录；15. 设备交接单；16. 设备交接单。

图3.5　集装箱进口货运主要单证流程图

边学边思考

对于特殊货物应该怎么装载才能确保安全？

学习心得＿＿＿＿＿＿＿＿＿＿＿＿＿＿＿＿＿＿＿＿＿＿＿＿＿＿＿＿＿＿＿＿＿

＿＿＿＿＿＿＿＿＿＿＿＿＿＿＿＿＿＿＿＿＿＿＿＿＿＿＿＿＿＿＿＿＿＿＿＿

综合实训

实训内容	集装箱给箱量计算
实训地点	教室
实训目的	运用所学知识，掌握如何计算集装箱装箱量
实训要求	对学生进行分组，5～6人为一组，根据所提供的货物资料，讨论并计算该集装箱可装多少个纸箱
实训评价与考核	书面成绩占50%，操作结果占50%，总分100分

背景材料：一批T恤产品出口，T恤产品所用包装纸箱尺寸为长580（毫米）×宽380（毫米）×高420（毫米）。每箱毛重20千克，用40英尺钢质集装箱，箱内尺寸为长12050（毫米）×宽2343（毫米）×高2386（毫米），内容积67.4立方米，最大载重27380千克。

巩固练习

一、判断题

1. 把许多种货物装在同一集装箱内时,如有可能引起事故时就要避免混载。(   )
2. 活的动植物一律禁止用集装箱运输。(   )
3. 集装箱内装载的每一票危险货物必须具备危险货物申报单。(   )

二、多项选择题

1. 以下可用集装箱装载的货物有(   )。
   A. 纺织品   B. 水果
   C. 电视机   D. 废钢铁
2. 对集装箱的检查包括(   )。
   A. 箱门应完好、水密   B. 箱子内部清洁、干燥
   C. 附属件的强度满足需要   D. 箱子本身设备应正常使用
3. 整箱交接方式有(   )。
   A. 场到场   B. 场到站
   C. 门到场   D. 门到门

三、名词解释

细货 污货 整箱货 拼箱货

四、简答题

1. 集装箱货物的交接方式有哪几种?
2. 简述集装箱装载货物的一般要求。

任务评价

任务实施评价表

任务内容	评价标准	配分	自我评价	同学互评	老师评价
集装箱货物的分类	用自己的话叙述集装箱货物的类别	20 分			
集装箱装箱前的检查	概括集装箱装箱前需进行哪些检查	20 分			
集装箱货物装载要求	叙述一般货物和特殊货物的装载要求	30 分			
集装箱货物的交接方式	分清集装箱货物的不同交接形态和地点	30 分			
总　　分		100 分			

第4章　集装箱码头管理

学习目标

知识目标

- ❖ 了解集装箱码头的布局及功能。
- ❖ 熟悉各种集装箱装卸机械的种类和作用。
- ❖ 了解集装箱堆场的箱区划分及编码方式。
- ❖ 了解集装箱货运站的作用。

能力目标

- ❖ 掌握集装箱堆场的编码方式。
- ❖ 掌握各种集装箱装卸机械的优缺点。
- ❖ 掌握集装箱货运站的布局特点。

素质目标

- ❖ 感受中国式现代化的发展成就，树立文化自信。
- ❖ 传承海洋文化，建设海洋强国，弘扬大国工匠精神。

思维导图

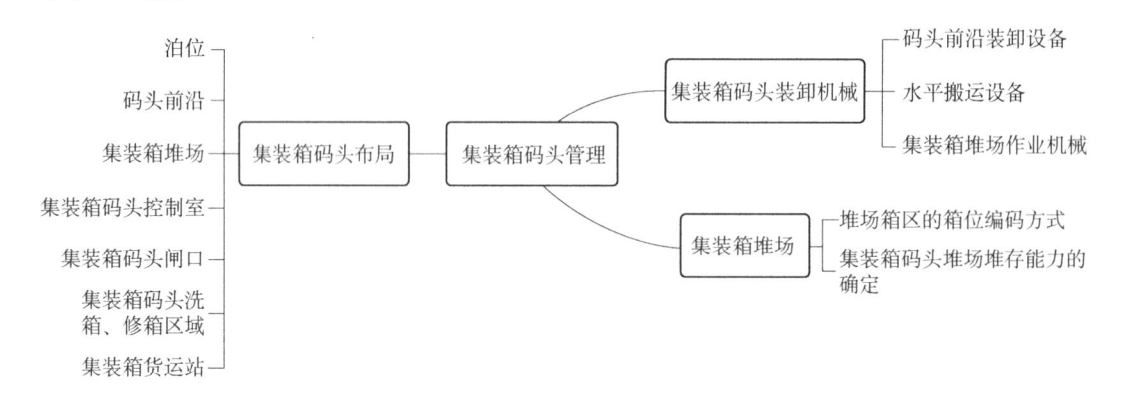

集装箱码头管理
- 集装箱码头布局
  - 泊位
  - 码头前沿
  - 集装箱堆场
  - 集装箱码头控制室
  - 集装箱码头闸口
  - 集装箱码头洗箱、修箱区域
  - 集装箱货运站
- 集装箱码头装卸机械
  - 码头前沿装卸设备
  - 水平搬运设备
  - 集装箱堆场作业机械
- 集装箱堆场
  - 堆场箱区的箱位编码方式
  - 集装箱码头堆场堆存能力的确定

> **案例导入**

青岛前湾集装箱码头有限责任公司

青岛前湾集装箱码头有限责任公司（以下简称QQCT）位于太平洋西海岸、胶州湾畔，是中国沿黄流域的重要出海口之一和国际集装箱中转枢纽。主营业务范围：集装箱及其他货物的装卸作业；国内外集装箱中转、堆存、保管、拆装箱、修洗箱、运输（不含海上运输）、仓储及其他相关业务。

码头（如图4.1所示）位于青岛前湾港区南岸，QQCT具有水深域阔、不淤不冻、避风浪的优越条件，可以全天候停靠载箱量20000标准箱以上集装箱船舶。"大码头"优势明显，码头前沿水深20米，拥有11个深水集装箱船舶专用泊位，码头岸线长达3439米，堆场总面积达225万平方米，设计年通过能力650万标准箱以上；"大设备"能力突出，配备41台桥吊（39台超巴拿马型）、111台轮胎吊，采用全球领先的码头生产管理系统，世界上拥有超大型集装箱船舶的航运公司，都在QQCT实现常态化靠泊。码头平均装卸效率达到36.2自然箱/时，是全球首个超过人工码头装卸效率的自动化码头；最高效率达到47.6自然箱/时，连续六次打破集装箱码头装卸效率世界纪录。

QQCT位于青岛经济技术开发区内，毗邻保税区，经环胶州湾高速公路至市区68千米。通过济青高速、烟青高速、308国道，QQCT与省内其他地区相连；贯穿南北的沿海大通道同三高速、连接中国东西的青兰高速公路和直达港区的胶黄铁路将QQCT与广大内陆地区相连。此外，胶州湾跨海大桥和海底隧道工程将大大缩短QQCT与青岛市区的距离。

多年来，QQCT一直秉承"学习创新、追求卓越"的企业文化理念，创造一种平等、和谐、求学、上进的文化氛围，充分发挥员工的创造性思维，建立一个有机的、柔性的学习型组织。

思考问题：以青岛前湾集装箱码头为例，思考集装箱码头应该具备的基本条件及主要功能。

> **相关知识**

4.1 集装箱码头布局

集装箱码头作为现代物流体系中的核心组成部分，以其高效、规范和先进的运营模式，在全球货物运输中发挥着举足轻重的作用，对集装箱码头基本布局进行深入研究，不仅关乎单一码头的运营效率，更与整个国际物流网络的优化息息相关。

集装箱码头的布局设计是一个复杂而系统的工程，它涉及多个方面，包括但不限于码头地形、水域条件、陆域交通、装卸设备、堆场规划、信息化水平及环境保护等。这些因素相互制约、相互影响，使集装箱码头布局充满了复杂性。因此，合理的布局能够最大限度地提高码头作业效率，减少船舶在港停留时间，降低物流成本，从而提升码头的整体竞争力。

图 4.1　青岛前湾集装箱码头

4.1.1　泊位

泊位，简而言之，就是供船舶停靠并进行装卸作业的水域位置（如图4.2所示）。其承载着集装箱船舶的靠泊、装卸及中转等重要任务。泊位，作为集装箱码头的核心组成部分及基本单位，其合理布局与高效利用对于码头的整体运作至关重要。在集装箱码头中，泊位通常根据水深、岸线长度及装卸设备等条件进行划分。一般来说，根据码头前沿的水深条件，泊位可以分为深水泊位和浅水泊位。深水泊位能够接纳大型集装箱船舶，而浅水泊位则适用于中小型船舶。

此外，根据泊位的使用方式，泊位还可以分为专用泊位和通用泊位。专用泊位主要用于特定航线或特定类型船舶的停靠，而通用泊位则可以灵活应对不同航线和船舶类型的需求。合理的泊位布局应能够确保船舶安全靠泊，同时最大化利用岸线资源，提高装卸效率。

在泊位规划中，通常需要考虑船舶的停靠时间、装卸量及转运需求等因素。例如，对于航线繁忙、装卸量大的船舶，应优先安排深水、高效率的泊位。而对于临时停靠、装卸量较小的船舶，则可以灵活安排浅水或通用泊位。一般来说，集装箱码头的泊位多采用顺岸式，其优点是可以有效缩短岸边距堆场的距离，同时最大程度地利用集装箱船舶的长度优势，方便集装箱的装卸。另外，可以根据船舶靠岸的情况合理安排装卸桥的数量，以有利于装卸桥的移动。泊位除足够的水深和岸线长度外，还设系缆桩和碰垫，岸壁上设有系船柱，用于船靠码头时通过缆绳将船拴住。岸壁上还应设置预防碰撞装置，通常为橡胶材料制成。

图 4.2　集装箱码头泊位

4.1.2　码头前沿

码头前沿是指沿码头岸壁到集装箱堆场之间的区域（如图 4.3 所示）。它是港口物流体系中的最前沿，直接面对着海洋或河流，是船舶与陆地之间的桥梁，承载着船舶靠泊、货物装卸、集装箱编排等重要功能。各种装卸机械、运输车辆和人员频繁作业，以确保货物能够快速、安全地从船舶转移到陆地，或从陆地装载到船舶上，其设计与布局的合理性直接关系到港口的运营效率和服务质量。码头前沿主要由以下三部分组成。

（1）码头前沿的第一部分，通常包括岸壁线到集装箱桥吊第一条轨道（靠海侧）的距离。这部分区域虽然宽度不大，一般只有 2~3 米，但却承载着重要的功能。它不仅要承受波浪、水流等自然力的冲击，还要为桥吊等装卸机械提供稳定的作业平台。

（2）码头前沿的第二部分，装卸桥轨距是指桥吊的轨道间的距离部分。这部分区域的宽度一般较大，可达 15~30 米。这是因为桥吊作为码头前沿最重要的装卸机械之一，需要足够的空间来移动和作业。轨距的大小会直接影响桥吊的作业范围和效率。

（3）码头前沿的第三部分，即从桥吊第二条轨道（靠陆侧）到堆场前的距离。这部分区域一般宽度为 10~25 米。它的主要功能是作为集装箱的临时堆放区，以及为运输车辆提供通道。集装箱被暂时堆放在这里，等待被运输到后方堆场做进一步处理。

一个布局合理的码头前沿设计可以大大提高装卸效率，减少船舶在港口的停泊时间，从而降低物流成本。同时，码头前沿还是港口形象的重要展示窗口。一个整洁、有序的码头前沿不仅可以提升港口的整体形象，还可以吸引更多的货源和投资。可以组织学生去现场参观或观看港口码头视频，通过参观、体验国际化港口，激活"集装箱大思政"的空间生命力，也加深了对中国式集装箱现代化的理解。

图 4.3　集装箱码头前沿

4.1.3　集装箱堆场

集装箱堆场承担着集装箱的暂存、转运、保管和交接等重要功能。集装箱堆场（如图4.4 所示）主要由前方堆场、后方堆场及空箱堆场三部分组成。这三部分各有其特定的功能和布局要求，共同支撑着堆场的高效运作。

1. 前方堆场

集装箱前方堆场，通常位于码头前沿附近，是暂时堆放集装箱的重要场地。当集装箱船到港前，会有计划、有次序地按积载要求将出口集装箱整齐地集中堆放于此。而卸船时，进口集装箱也暂时堆放在这里，以加速船舶的装卸作业。前方堆场的布局和管理对于提高装卸效率、减少船舶在港停泊时间具有重要意义。

2. 后方堆场

集装箱后方堆场是进行集装箱重箱或空箱的交接、保管和堆存的主要场所。在这里，集装箱按照不同的属性（如进口、出口、中转等）或作业功能（如危险品箱、冷藏箱、特种箱等）被划分成不同的箱区。每个箱区都有独特的标识和编码系统，以便于精确追踪和管理集装箱的位置和状态。后方堆场的布局应充分考虑集装箱的流转效率和安全性，确保各类集装箱能够被快速、准确地找到并转运。

3. 空箱堆场

空箱堆场是专门收集、保管、堆存或交接空集装箱的场地。当集装箱装卸区或转运站堆场空间不足时，空箱堆场将会发挥重要作用。它通常位于港口边缘或与其他箱区相对隔离的区域，以减少对重箱作业的干扰。空箱堆场的管理同样需要精确和高效，以确保空箱的及时供应和回收。

集装箱堆场的布局和设施配置对于其整体运作效率具有关键影响。合理的布局应充分考虑船舶靠泊、装卸机械作业、车辆运输和人员流动等因素，以实现流程顺畅、减少交叉干扰和提高作业安全性。在设施配置方面，包括场地硬化、排水系统、照明设施、监控系统等都应满足堆场作业的需求和标准。

图4.4 集装箱堆场

4.1.4 集装箱码头控制室

集装箱码头控制室，又称中心控制室，简称"中控"，是集装箱码头各项生产作业的中枢。作为码头的"大脑"和"心脏"，承担着确保码头各项作业协调、连续、高效进行的重要职责。它集组织指挥、监督、协调、控制于一体，通过对码头的各项生产作业进行统一调度和管理，以确保码头生产的高效性和安全性。集装箱码头控制室的主要功能包括以下几项。

1. 生产作业的组织与指挥功能

控制室根据码头的生产作业计划，对各项作业进行组织和指挥，其中包括船舶的靠泊、装卸作业、集装箱的堆存和转运等。通过合理的组织和指挥，确保各项作业能够按照计划有序进行，以提高码头的整体作业效率。

2. 监督与协调

控制室对码头的各项作业进行实时监督，确保作业过程的安全性和规范性。同时，它还协调各部门、各工种之间的工作，解决作业过程中出现的问题和矛盾，确保码头的生产秩序和作业效率。

3. 信息处理与决策支持

控制室汇集并处理来自码头各处的信息，包括船舶动态、集装箱状态、作业进度等。通过对这些信息的分析和处理，控制室能够为码头管理层提供决策支持，帮助管理层做出科学、合理的决策。

4. 应急管理与危机处理

当码头发生紧急情况时，控制室负责启动应急预案，组织相关部门和人员进行紧急处理，其中包括对船舶事故、火灾、溢油等突发事件的应对。通过有效的应急管理和危机处理，以确保码头的安全和稳定。

集装箱码头控制室在保障码头高效、安全运作方面发挥着重要作用。随着技术的不断进步和市场需求的变化，集装箱码头控制室将面临更多的挑战和机遇。因此，我们需要不断创新和提升控制室的功能和管理水平，以适应新的发展需求，并推动港口物流的持续繁荣与发展。

4.1.5 集装箱码头闸口

集装箱码头闸口（如图4.5所示），又称检查桥，作为进出口集装箱和各种运输机械的出入口，是区分码头内外责任和交接相关资料的地点。在这里，各种进出口集装箱需要进行严格的检查、交接和记录，以确保码头的正常运营和货物的安全。集装箱码头闸口的主要功能有以下几项。

1. 检查与交接功能

闸口负责对进出口集装箱进行严格的检查，检查项目包括集装箱箱号、铅封号、箱体外表状况等。这些检查有助于确保集装箱的完整性和安全性，防止破损或不合规的集装箱进入码头。同时，闸口还负责交接相关资料，如场站收据、关单、集装箱装箱单等，这些资料的准确性和完整性对于码头的正常运营至关重要。

2. 安全管理功能

闸口是集装箱码头的安全防护线，对进出码头的车辆和人员进行核验和检查将有助于防止违规和非法行为的发生，保障码头的安全。此外，闸口还可以配备视频监控设备，进行实时监控和记录，以提高安全性和管理效果。

3. 流量控制功能

闸口通过对出入口的检查、验收和记录，可以控制集装箱流向，确保集装箱码头运作的顺畅和有序。在高峰时段或特殊情况下，闸口还可以采取必要的措施，如限制进出口集装箱的数量或调整运输机械的通行时间，以缓解码头的拥堵压力。

4. 信息处理与记录功能

闸口是集装箱码头信息流的重要节点。在这里，各种进出口集装箱的信息被收集、整理和记录，形成完整的集装箱信息流。这些信息对于码头的生产作业、物流跟踪和客户服务等都具有重要意义。通过闸口的信息处理系统，码头可以实现集装箱信息的实时更新和共享，以提高管理效率和客户服务水平。

5. 保障码头安全

闸口作为码头的第一道防线，承担着保障码头安全的重要职责。通过严格的检查和核验，闸口可以有效防止破损、违规或非法集装箱进入码头，降低安全风险。同时，闸口的视频监控和实时监控功能也有助于及时发现和处理安全隐患，确保码头的安全运营。

闸口作为码头与客户之间的直接联系点，其服务水平和效率将直接影响客户的满意度。通过提供快速、准确的检查、交接和信息处理服务，闸口可以为客户提供更加便捷、高效的服务体验。同时，闸口还可以根据客户需求提供个性化的服务方案，如优先通行、快速转运等，以进一步提升客户的满意度和忠诚度。

图4.5　集装箱码头闸口

4.1.6　集装箱码头洗箱、修箱区域

洗箱区域的主要功能是对受到货物污染的集装箱进行彻底清洗。在集装箱使用过程中，它们可能会因为装载各种货物而沾染污渍、尘土或其他污染物。为了确保集装箱的清洁，使其符合使用标准，洗箱区域配备了专业的清洗设施和工具，以便对集装箱进行高效、彻底的清洗。清洗后的集装箱焕然一新，为下一次装载货物做好了准备。

修箱区域则负责对损坏的集装箱进行修理和维护。在运输和装卸过程中，集装箱可能会受到撞击、磨损或其他形式的损坏。修箱区域的工作人员具备专业的技能和工具，能够对各种破损进行快速、准确的评估和修复。修复后的集装箱恢复了其结构完整性和使用功能，将为码头的正常运作提供了有力保障。

总的来说，集装箱码头洗箱、修箱区域的功能是确保集装箱的清洁、完好及维持码头的正常运作。这两个区域的工作对于保障货物运输的安全、提高码头作业效率及维护码头的整体形象都具有重要意义。通过专业的清洗和修理服务，码头能够为客户提供更加优质、高效的服务体验。

4.1.7 集装箱货运站

集装箱货运站，作为拼箱货装箱和拆箱的场所，扮演着船、货双方交接的重要角色。它是集装箱运输关系方的一个组成，对于提高集装箱运输效率和促进物流发展具有重要意义。集装箱货运站的主要功能有以下几项。

1. 拼箱货的装箱和拆箱作业

集装箱货运站负责处理各类拼箱货，进行出口货的拼箱作业和进口货的拆箱作业。对于货主托运的拼箱货，如果是出口的，均先在货运站集货，在站内拼箱后，再转运至出口堆箱场，准备装船；如果是进口的，则在卸船后运至货运站拆箱，然后向收货人送货或由收货人自行提货。这一功能使得小批量货物能够集中装箱，降低了运输成本，提高了运输效率。

2. 暂时堆存和保管货物

集装箱货运站还具备暂时堆存和保管货物的功能。在货物装箱或拆箱前后，需要有一个暂存区对货物进行短期存储。这有助于调节货物进出口的速度，确保货物的安全，并为后续的转运或配送做好准备。

3. 货运单据的处理和费用结算

货运站是处理货运单据的重要环节，单据包括装箱单、提单、运单等。同时，货运站还负责运费、堆存费等相关费用的结算工作。通过处理这些单据和费用，货运站确保了运输过程的顺畅和货物所有权的顺利转移。

4.2 集装箱码头装卸机械

集装箱码头装卸机械是现代化码头作业中不可或缺的重要组成部分。它们以高效、准确和可靠的特性，在保障码头正常运作、提高装卸效率及降低物流成本等方面发挥着至关重要的作用。根据机械使用的场景，具体可以分为三类。

4.2.1 码头前沿装卸设备

码头前沿装卸设备在物流运输和港口作业中占据核心地位，是实现高效、快速货物转运的关键环节。这些设备的功能与作用不仅关系到码头的作业效率，更直接影响着整个物流链条的顺畅。

岸边起重机（如图4.6所示）也称为岸边集装箱起重机或岸桥机，是专门用于集装箱码头对集装箱船进行装卸作业的专业设备。这种重型机械一般安装在港口码头岸边，是码头前沿装卸集装箱船舶的必备设备，对于港口的运作效率至关重要。

图4.6 岸边起重机

岸边起重机的主要结构包括金属结构、主机构、电气系统、液压系统、吊具、机器房、梯子平台和安全装置等部分。其工作原理主要是通过电力和液压系统驱动各个机构协同工作，完成集装箱的装卸任务。具体来说，当需要卸掉船舶上的集装箱时，起重机臂（也称为大梁）会伸展到船舶上方，通过吊具抓取集装箱。吊具在起重机臂的引导下，将集装箱从船上吊起，然后移动到码头平台或堆场指定位置进行放置。在整个过程中，起重机的升降、前后移动、旋转等动作都通过电力和液压系统精确控制，确保集装箱的安全、准确装卸。

下面，以三一重工STS4501岸边集装箱起重机为例进行简单介绍，如表4.1所示为该型起重机的参数配置。

表4.1 三一重工STS4501岸边起重机的参数配置

配置规格	单位	参数
吊具下额定起重量	T（吨）	45
吊钩横梁下额定起重量	T（吨）	54
前伸距	M（米）	44.5
后伸距	M（米）	12.5
轨上起升高度	M（米）	34
轨下起升高度	M（米）	14
起重机总宽	M（米）	27
满载起升速度	m/min（米/分钟）	60
空载起升速度	m/min（米/分钟）	120
小车速度	m/min（米/分钟）	180
大车速度	m/min（米/分钟）	45
大车车轮数量	个	10

随着技术的发展，许多岸边集装箱起重机还配备了先进的自动化控制系统，如激光定位系统、编码器位置检测等，这些系统能够进一步提高集装箱装卸的精度和效率。随着集装箱运输的快速发展和船舶大型化的趋势，岸边起重机也面临着更高的技术要求和挑战。一方面，需要提高起重机的技术参数，如起重量、起升高度和外伸距等，以适应更大规模的集装箱船舶；另一方面，需要开发设计高效率的岸边集装箱装卸系统，提高装卸效率，以满足快速转运的需求。随着船舶运输技术的不断进步和市场需求的不断变化，岸边起重机将继续向着更高效、更智能的方向发展。

4.2.2 水平搬运设备

集装箱码头的水平搬运设备是码头物流体系中的重要组成部分，它们负责在码头内部，以及码头与周边地区之间高效、准确地搬运集装箱。这些设备种类繁多，各具特点，共同构成了集装箱码头水平搬运的完整体系。这些设备不仅提高了码头的作业效率和准确性，还降低了人力成本和安全风险，为码头的可持续发展提供了有力支持。

1. 集装箱卡车

集装箱卡车是集装箱码头水平搬运的主要设备之一。它们具有承载能力强、机动灵活等特点，能够在码头内部及码头与周边地区之间快速搬运集装箱。集装箱卡车通常与岸桥、场桥等装卸设备配合使用，以实现集装箱装卸、搬运和运输的一体化。其主要参数如下。

（1）车身长度和宽度：根据集装箱的尺寸和运输需求，挂车的车身长度和宽度有所不同。常见的长度为13米和12米，宽度一般为2.5米左右。

（2）承载能力：挂车的承载能力主要取决于其结构和材料，一般可以达到30吨以上，以满足大多数集装箱的运输需求。

（3）车桥数量和载荷：挂车的车桥数量和载荷根据其承载能力和行驶稳定性来确定，一般为3轴或4轴，每轴的载荷能力在10吨左右。

（4）轮胎规格和数量：挂车的轮胎规格和数量也根据其承载能力和行驶稳定性来确定，一般为12R22.5规格，数量在12个左右。

2. 集装箱自动引导车

集装箱自动引导车（如图4.7所示）是一种无人驾驶、自动导航的运输设备，被广泛应用于自动化集装箱码头，它具有自动规划路径、精确定位、自动避障、自动装卸等多种功能，能够实现高效、准确、可靠的集装箱运输。

集装箱自动引导车的工作原理主要依赖先进的导航系统和控制系统。导航系统负责确定引导车的位置和方向，目前常用的导航技术包括磁条导航、激光导航、视觉导航等。磁条导航是在地面上铺设磁条，引导车通过感应磁条产生的磁场确定自己的位置和方向。激光导航则是利用激光雷达扫描周围环境，通过反射回来的激光束确定引导车的位置和姿态。视觉导航则是利用摄像头捕捉地面上的标记或特征,通过图像处理技术识别引导车的当前位置。控制系统则根据导航信息和其他传感器数据,实时调整引导车的行驶路径和速度,确保其按照预定路线准确到达目标位置。控制系统是引导车的大脑,它根据导航信息和其他传感器数据,如超声波传感器、红外传感器等,实时感知周围环境,判断是否存在障碍物或碰撞风险,并据此调整引导车的行驶速度和方向。同时,控制系统还与上位管理系统进行联系,接收任务指令,并将任务执行情况反馈给上位管理系统。

集装箱自动引导车被广泛应用于自动化集装箱码头、物流仓储等领域。在自动化集装箱码头中,引导车可以代替传统的集装箱卡车和跨运车等运输设备,实现集装箱的水平运输和堆码作业。它可以根据码头的实际情况进行路径规划和调整,确保集装箱的准确运输和高效堆码。同时,引导车还可以与岸桥、场桥等装卸设备配合使用,实现集装箱的自动化装卸操作。

近年来,随着人们环保意识的不断提高,集装箱自动引导车通常采用电池、超级电容等清洁能源作为动力源,在绿色环保方面具有诸多优势,包括减少尾气排放、降低噪声污染、提高能源利用效率、减少物料浪费及优化空间布局等。这些优势使得引导车在推动物流行业绿色发展中发挥了重要作用。

图 4.7 集装箱自动引导车

3. 集装箱跨运车

集装箱跨运车(如图4.8所示)也被称为跨运车,是一种广泛应用于集装箱码头和集装箱中转站堆场的专用装卸机械。它主要由门形车架结构、集装箱吊具与升降系统、动力及传动系统、转向和行驶系统、制动和液压系统、电控系统等部分组成。

集装箱跨运车的主要功能是实现集装箱的水平运输、堆码及对集装箱半挂车进行装卸作业。在码头，从前沿到堆场的水平运输过程中，跨运车能够快速、准确地将集装箱从一个地点运输到另一个地点。同时，它还可以进行集装箱的堆码作业，将集装箱按照一定的规则和顺序堆放在指定位置；在堆场，跨运车能够将集装箱整齐地堆码在一起，形成4～5层高的集装箱堆，这不仅提高了堆场的空间利用率，还便于后续对集装箱的管理和取用。此外，跨运车还可以对集装箱半挂车进行装卸作业，满足不同的运输需求。但是集装箱跨运车也存在一些缺点，如下所述。

（1）环保性差。目前集装箱跨运车均采用内燃机作为动力来源，能耗相对较高，与国家绿色环保的要求不符。

（2）技术水平要求较高。跨运车的操作和维护需要专业的技术人员进行，对人员的技能要求较高。

图4.8 集装箱跨运车

4.2.3 集装箱堆场作业机械

1. 轮胎龙门起重机

集装箱轮胎龙门起重机（如图4.9所示）也被称为轮胎式集装箱门式起重机或轮胎吊，是大型专业化集装箱堆场的专用机械，主要用于集装箱的装卸、搬运和堆码作业。它不仅适用于集装箱码头的堆场，同样也适用于集装箱专用堆场。集装箱轮胎龙门起重机的功能主要包括以下几个方面。

(1) 装卸功能。它配备有集装箱吊具，能够轻松地对集装箱进行装卸作业。通过行走小车沿主梁轨道行走，轮胎龙门起重机可以迅速到达指定位置，进行精确的集装箱装卸。这种装卸方式不仅高效快捷，而且能够减少人力搬运的操作，提高装卸效率。

(2) 搬运功能。它的轮胎式行走机构可以使起重机在货场上灵活行走，从一个货场转移到另一个货场。同时，起重机还可以进行90度转向，使其能够在狭小的空间内轻松完成搬运任务。这种搬运方式不仅灵活方便，而且能够满足各种物流需求。

(3) 堆码功能。它能够将集装箱整齐地堆放在指定位置，形成多层集装箱堆。通过调整吊具的高度和位置，起重机可以精确地放置集装箱，确保堆码作业的稳定性和安全性。这种堆码方式不仅提高了空间利用率，还便于后续对集装箱的管理和取用。

(4) 调整功能。它可以根据需要调整集装箱的位置和方向，确保搬运和堆码过程的顺利进行。通过配备的智能化操作系统，操作人员可以远程控制起重机进行精确的调整操作，提高了作业的准确性和效率。

图4.9 轮胎龙门起重机

2. 集装箱正面吊

集装箱正面吊（如图4.10所示）是一种具有装卸、搬运和堆码功能的水平搬运设备。它采用轮胎式底盘，配备有可伸缩的吊臂和吊具，能够灵活地进行集装箱的装卸和搬运作业。集装箱正面吊具有如下功能。

(1) 出色的装卸功能。首先，它配备具有伸缩和旋转功能的国际标准集装箱专用吊具，能够轻松地对20英尺和40英尺的集装箱进行装卸作业。吊具的左右回转、横移和倾斜功能使得正面吊在作业过程中具有极高的灵活性和准确性，能够迅速适应不同的作业环境和需求。

(2) 强大的搬运功能。它能够在整车荷载并行进中进行臂架伸缩、俯仰和吊具回转，实现集装箱的水平运输。这种搬运方式不仅高效快捷，而且能够减少集装箱在搬运过程中的损坏和磨损，提高物流效率和质量。

（3）非常强大的堆码功能。它能够将集装箱整齐地堆放在码头、堆场或中转站内，形成多层集装箱堆。这种堆码方式不仅提高了空间利用率，还便于对集装箱进行管理和取用。同时，正面吊的跨箱作业能力也使其在堆码过程中具有更高的灵活性和效率。

集装箱正面吊之所以能够完成如此多样化的功能，离不开其独特的设计和先进的技术。其结构特点包括配有多功能伸缩式吊具、带载俯仰的伸缩式臂架及空载抽行式平衡臂结构等，这些设计使得正面吊在作业过程中具有更高的稳定性和准确性。同时，先进的技术如自动定位、自动稳定、自动变频和自动调速等功能的运用，进一步提高了正面吊的作业效率和操作便捷性。

集装箱正面吊还被广泛应用于各种场景。它不仅适用于集装箱码头、堆场和中转站的装卸和搬运作业，还可用于铁路和公路的联运及木材等其他重大件货物的装卸和搬运。因其广泛的应用范围使得集装箱正面吊在现代物流体系中扮演着越来越重要的角色。

图4.10 集装箱正面吊

3. 集装箱叉车

集装箱叉车作为一种专用的装卸机械，被广泛应用于集装箱码头、堆场及其他需要搬运集装箱的场所。它主要适用于20英尺的集装箱，采用货叉插入集装箱底部的叉槽并进行升举作业的方式。

集装箱叉车能够在码头、堆场等场所内部进行短距离搬运，即将集装箱从一个位置转移到另一个位置。这种搬运方式灵活方便，能够满足各种物流需求。除了装卸和搬运功能，集装箱叉车还具备一些辅助功能，如调整功能，可以根据需要调整集装箱的位置和方向，确保搬运过程的稳定性和安全性。同时，一些先进的集装箱叉车还配备了称重、计数等附加功能，进一步提高了物流管理的智能化水平。

4.3 集装箱堆场

4.3.1 堆场箱区的箱位编码方式

1. 箱位编码的目的和意义

箱位编码的主要目的是方便对集装箱在堆场中的位置进行标识和定位。通过编码，可以迅速找到集装箱所在的具体位置，减少寻找时间，提高作业效率。同时，箱位编码还有助于实现堆场的信息化管理，提高管理水平和决策效率。

在集装箱码头的堆场管理中，箱位编码是一项至关重要的工作，具有积极的意义。通过合理、科学的编码方式，可以实现对集装箱位置的精确标志和快速定位，从而提高堆场的作业效率和管理水平。

2. 集装箱堆场箱位编码方式

（1）箱区编码：箱区通常用英文字母或数字的组合来表示，这个编码与泊位的代号相对应。例如，1号泊位对应的箱区可以编码为"1"。在某些情况下，为了区分不同的分堆场，箱区的编码可能包括更多的信息，如分堆场的编号和箱区在分堆场中的位置。

（2）位（贝）编码：在箱区内，位（贝）是集装箱存放的基本单元。位（贝）的编码通常用两位阿拉伯数字表示。奇数通常用来表示20英尺集装箱的位，而偶数则用来表示40英尺或45英尺集装箱的位。例如，01、03、05分别表示一个20英尺集装箱的位（贝）；02、04、06则分别表示一个40英尺集装箱的位（贝）；02位（贝）的40英尺集装箱同时占据01～03位（贝）的空间。

（3）列和层编码：列和层的编码方式可能因码头而异。一般来说，列可以用字母或数字表示，而层则用数字表示。例如，一个集装箱可能位于"A列3层"或"3列2层"。单个堆场的集装箱堆放列数取决于龙门吊的跨度，如龙门吊跨度内允许并排摆放6个集装箱，则此堆场的列数为对应的1～6列。

综合以上信息，一个完整的集装箱箱位编码，如"A2-01-04-3"（如图4.11所示），表示该集装箱位于A2箱区的01位（贝），第4列，第3层。当然，具体的编码方式会因码头而异，因此在实际操作中应参考码头的具体规定。

此外，为了方便管理和查询，每个集装箱在堆场中的位置通常都会进行标识，包括箱位编码、所属区域、箱位状态等信息。这些标识可以采用指示牌、路标等多种形式。同时，堆

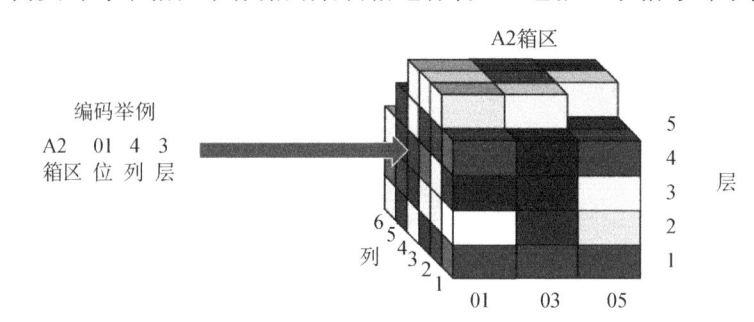

场管理人员还需要对每个箱位中存储的集装箱进行管理,包括记录箱号、尺寸、重量等信息。

图4.11 堆场箱位编码方式示意图

4.3.2 集装箱码头堆场堆存能力的确定

集装箱码头堆场的堆存能力是由多个因素共同决定的,这些因素包括堆场的总面积、允许堆放的层数、集装箱的标准尺寸、堆放方式,以及各类设备和通道的占地面积等。

(1) 评估堆场面积:需要测量和评估可用于堆存集装箱的堆场面积。这包括考虑堆场内的道路、设备停放区、办公区等其他非堆存区域。

(2) 确定允许堆放的层数:集装箱的堆放层数受到场地强度、堆存设备的能力和集装箱自身的承重能力的限制。例如,如果场地强度足够且堆存设备允许,那么可以堆放更多的层数。但是,需要注意的是,随着堆放层数的增加,取箱的难度和成本也会相应增加。

(3) 考虑集装箱的类型和尺寸:不同类型的集装箱(如标准箱、冷藏箱、危险品箱等)和尺寸(如20英尺、40英尺等)对堆存能力有不同的影响。例如,40英尺的集装箱占地面积更大,因此需要更多的堆存空间。同时,特殊类型的集装箱可能需要特殊的堆存条件或设备。

(4) 评估堆存设备:堆存设备(如龙门吊、正面吊、叉车等)的能力和效率对堆存能力有重要影响。因此,需要评估设备的最大起吊重量、操作范围及作业效率等因素。

(5) 制定堆存策略:根据堆场的实际情况和需求,制定合理的堆存策略。例如,可以按照船名、航次、提单号等集中堆放,以提高取箱效率;也可以将重箱和空箱分开堆放,以便于管理和维护。

(6) 留出足够的翻箱位:在堆存过程中,为了提高取箱效率和降低翻箱成本,需要在最靠边的1~2间位留出足够的空箱位作为翻箱使用。这些空箱位的数量应根据堆场的实际情况和堆存策略进行合理设置。由于实际操作中可能存在翻箱、倒箱等操作,所以实际堆存能力可能会略低于理论值。

此外,为了提高堆场的堆存能力,还可以采取一些管理措施和技术手段。例如,优化堆场布局、提高装卸效率、采用先进的堆场管理系统等。这些措施可以帮助码头更有效地利用堆场空间,提高堆存能力,从而应对不断增长的集装箱运输需求。

边学边思考

你认为自动化集装箱装卸码头会是未来的发展趋势吗？

学习心得_____

_____

综合实训 1

实训内容	集装箱堆场堆存能力计算
实训地点	集装箱堆场
实训目的	运用所学知识，对集装箱堆场堆存能力进行计算
实训要求	对学生进行分组，5~6人为一组，参观集装箱堆场，对集装箱堆场堆存能力进行计算
实训评价与考核	各小组分别进行计算，由老师根据堆场的具体情况判断得分

综合实训 2

实训内容	绘制集装箱码头平面图
实训地点	集装箱码头或教室
实训目的	运用所学知识，绘制集装箱码头平面图
实训要求	对学生进行分组，5~6人为一组，参观集装箱码头，参观完成后绘制集装箱码头平面图
实训评价与考核	各小组分别进行绘制，由老师评分

巩固练习

一、判断题

1. 轮胎龙门起重机承担堆场堆码和装卸车作业。（　　）

2. 一般来说，集装箱码头堆场的货柜在堆存时都重叠堆放，但是不能将所有的行位都堆高到最高层，因为要留出一些空位作为装卸作业时翻箱之用。（　　）

二、单项选择题

1. 下列哪一项是为即将卸船的集装箱准备的场地和堆放的位置（　　）。

   A. 集装箱货运站　　　　　　　　　B. 码头前沿

   C. 前方堆场　　　　　　　　　　　D. 后方堆场

2. 把货物装进集装箱内或从集装箱内取出，并对这些货物进行贮存、防护和收发交接的作业场所称为（　　）。

   A. 调度场　　　　　　　　　　　　B. 排列场

   C. 控制室　　　　　　　　　　　　D. 货运站

三、名词解释

岸边起重器　集装箱堆场

四、简答题

根据所学知识，简述集装箱码头的基本布局。

任务评价

学习评价表

学习内容	评价标准	配分	自我评价	同学互评	老师评价
集装箱码头的布局	熟悉集装箱码头的布局	30分			
集装箱码头装卸机械	识别不同集装箱装卸机械及分类	30分			
集装箱堆场	看懂集装箱堆场内箱位编码	40分			
总　　分		100分			

第 5 章 集装箱出口业务

学习目标

知识目标

- ❖ 了解集装箱出口货运流程。
- ❖ 了解集装箱码头航运公司出口货运业务及其单证。

能力目标

- ❖ 能够完成集装箱出口货运单证的填写。
- ❖ 能够描述集装箱出口货运十联单的流转过程及其工作原理。

素质目标

- ❖ 培养学生认真负责、踏实敬业的工作态度。
- ❖ 培养学生严谨求实、一丝不苟的工作作风。

思维导图

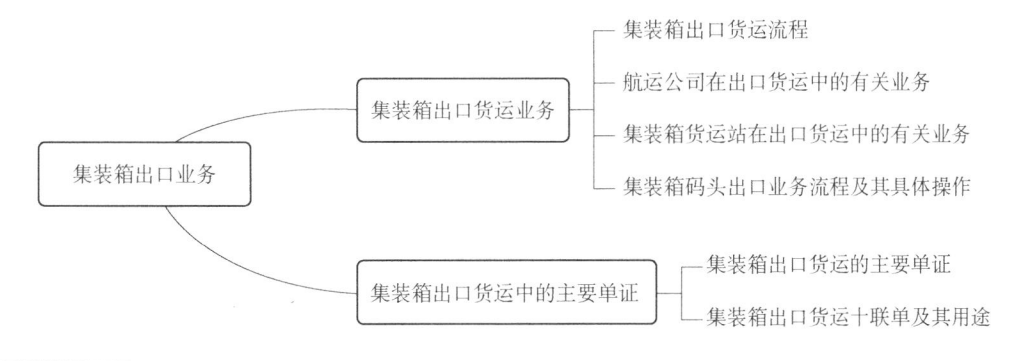

```
                            ┌── 集装箱出口货运流程
              ┌─集装箱出口货运业务─┼── 航运公司在出口货运中的有关业务
              │                  ├── 集装箱货运站在出口货运中的有关业务
集装箱出口业务 ─┤                  └── 集装箱码头出口业务流程及其具体操作
              │
              └─集装箱出口货运中的主要单证─┬── 集装箱出口货运的主要单证
                                          └── 集装箱出口货运十联单及其用途
```

案例导入

集装箱出口业务

现有一广东进出口贸易公司需要出口一批铝制材料至澳大利亚,委托了广东远洋船务运输公司帮忙办理出口相应手续,业务员小明接手了这项工作,随着各项工作的开展,小明面对着一堆单证资料报表发愁了。小明需要进行单证的准备、换单、报检、报关、提货等业务，具体操作流程是怎样的呢？

想一想：集装箱出口业务是如何设计流程的？

相关知识

5.1 集装箱出口货运业务

5.1.1 集装箱出口货运流程

集装箱出口货运流程主要包括订舱、接受订舱、发放空箱、装箱、集装箱交接、换取提单、集装箱装船等程序。

1. 订舱

发货人根据所订立的贸易合同和信用证的有关条款规定，出口商或进口商在货物托运前的一段时间，选定适当班期的船舶，向航运公司或其代理正式申请订舱。

2. 接受订舱

航运公司或其代理人，根据货主的申请，综合考虑航线、船舶、港口、运输等能否满足货方的要求，决定能否接受该订舱申请，如接受则应着手缮制本航班的订舱清单，并将清单分送码头堆场和集装箱货运站，据以办理空箱的发放及集装箱的交接工作。

3. 发放空箱

空箱一般由航运公司作为设备无偿借给货主。在整箱状态下，发货人自行到集装箱堆场或内陆站提取空箱；在拼箱状态下，由集装箱货运站到指定码头堆场提取空箱。提取空箱后，在码头堆场的检查口由业务员和集卡司机共同在设备交接单上签字。

空箱的发放时间必须在集装箱装船前6天。

4. 装箱

在整箱情况下，由货主自行装箱并缮制装箱单。

在拼箱情况下，由货主将货物交集装箱货运站，由货运站将不足一箱的货物拼装成一箱，并由货运站缮制装箱单。

5. 集装箱交接

加上海关封铅的集装箱，通过内陆运输至码头堆场，码头堆场根据订舱清单核对装箱单和场站收据接受货物，并在场站收据上签字，经过签字的场站收据再退交发货人凭以换取提单。另外，进港的集装箱也必须缮制设备交接单。交接时间一般在装船前5天到装船前24小时。

6. 换取提单

发货人在收到经码头签字的场站收据后,凭该收据到航运公司或其代理人处付清运费,换取提单,凭提单到银行结汇。

7. 集装箱装船

出口集装箱进入港区后,按预先编制的堆存计划堆放,船舶到港后,即可装船。

5.1.2 航运公司在出口货运中的有关业务

航运公司在国际集装箱运输中占主导地位,航运公司能否做好集装箱的配置,掌握货运情况,及时向发货人提供服务是极为重要的因素。

1. 配备集装箱

货主自行配备集装箱的情况是很少的,大多数情况是由航运公司提供集装箱。因此,航运公司一般要配备一定数量的集装箱以备出借。

从理论上说,在只有一般船舶进行运输的情况下,集装箱船每装载1个集装箱,航运公司必须配备的集装箱数为3个。所以,一艘载箱量为1000箱的集装箱船,航运公司必须为其配备3000个集装箱。但如果同一航线上有两艘集装箱船进行运输,集装箱数量则不能简单地累加,而需根据航线两端的实际情况确定。

航运公司根据上述基本规律,结合本公司的发展趋势,决定公司应持有的集装箱数量。航运公司主要从货物和船型两方面来考虑集装箱的种类和规格。

2. 掌握货源情况

航运公司必须及时掌握货源情况,以便合理部署空箱计划。航运公司一般是通过货运代理人或揽货人掌握货源情况。

航运公司通常采用暂时订舱和确定订舱安排空箱用箱计划。暂时订舱一般在到港前30天左右,确定订舱一般在到港前7至10天。

3. 集装箱的调配

航运公司应根据承揽载货的具体情况,合理利用集装箱,将所有的集装箱调配至各码头堆场或相关内陆点,尽量提高集装箱的利用率,满足各地客户的需要。为此,航运公司或其代理人必须经常与堆场或内陆点联系,以便掌握各地客户的实际情况。

4. 掌握装送货物要求

除了需要掌握货源情况,航运公司还必须要求托运人提供有关货物和运输的资料,这些资料信息应在订舱单上显示,以便航运公司能顺利编制订舱单。

(1) 货物说明:货名、数量、包装形式、重量及特种货物说明等。

(2) 装船资料:预订船舶名、货物起始地、装运港、卸货港、货物交付地等。

(3) 集装箱交接方式:装箱方式、交箱方式、所需空箱数量种类、提取和回收空箱的时间地点及装箱地点等。

5. 接受托运

托运人根据合同规定，在一定期限内向航运公司订舱。承运人根据运输要求及托运箱的具体情况，决定是否接受申请。如接受申请，则应在订舱单上签字。

6. 接受货载

承运人与托运人之间的订舱手续办完后，货主从码头堆场得到空箱，在货运站完成装箱作业，并完成装船前的一切准备工作。航运公司必须将订舱单上所记载的信息及时通知堆场或货运站，以便能及时确定堆场计划和装箱计划。

集装箱装船时，由船长或大副接收和签署装船单证。

7. 缮制装船单证

为使卸货港码头和相关的内陆运输点能及时安排各类作业计划，并能使收货人及时得到信息，航运公司或其代理人应在集装箱货物离港后，及时缮制装船单证速送至卸货港。主要包括如下单证：

（1）提单或场站收据副本；

（2）集装箱清单；

（3）货物舱单；

（4）装箱单；

（5）船舶积载图；

（6）残损报告及特殊货物表。

以上单证必须在船舶到港前3至5天送至卸货港。

5.1.3 集装箱货运站在出口货运中的有关业务

1. 准备空箱

集装箱货运站经营人在收到航运公司送来的订舱清单后，应根据订舱清单上的信息，估计所需集装箱的种类、规格、数量，经航运公司审核取得航运公司签发的提箱设备交接单，凭该单据从码头堆场提取空箱。

2. 办理货物交接

集装箱货运站经营人根据订舱单接受托运人送来的货物，同时要求托运方提供出口许可证、场站收据、危险品货物清单等单证。

集装箱货运站验收货物时，必须注意以下几点：

（1）货物外表是否完好；

（2）货物包装是否完好；

（3）货物件数标志等与场站收据的记录是否一致。

3. 货物装箱

一定数量的货物送到集装箱货运站后，由货运站经营人将货物按种类、特性、包装方式、目的港等，将货物拼装在集装箱内，并将集装箱送至码头堆场。

货物装箱时必须注意以下几点：

（1）充分利用箱容；

（2）注意货物的不同性质；

（3）注意集装箱的最大承载能力；

（4）注意集装箱的最大装载容量；

（5）注意集装箱的单位面积负荷量；

（6）注意集装箱内货物的安全系数。

注意，集装箱货物的装箱作业必须在海关的监督下进行。装箱完毕后，关闭箱门，由海关铅封。

4．缮制单证

货物装箱后，集装箱货运站必须缮制装箱单，并将装箱单连同危险品货物清单、冷藏箱清单及场站收据与集装箱一同送交码头，同时还应将上述清单送至航运公司备查。

5.1.4 集装箱码头出口业务流程及其具体操作

集装箱堆场的主要工作有办理集装箱的装卸、拆箱、收发、保管堆存，以及集装箱的修理、冲洗、熏蒸等。在出口业务中，主要包括以下业务。

1．船舶到港前的业务

集装箱码头要顺利地完成出口集装箱装船作业，必须预先收到出口集装箱的单证资料，以便做好各项准备工作。

2．装船作业流程

集装箱出口装船，无论是整箱，还是拼箱或空箱，一般都必须先移到码头堆场等待装船。但有时也需要船边直装的集装箱，如某些不能在堆场的危险品箱。

码头配载计划员应根据事先掌握的出口箱货情况，进行船舶的预配载和实配载工作，编制船舶的配载船图，交控制室作为指挥装船作业的依据。

3．装船结束工作

工班结束后，船边验箱员将装船顺序单等单证交船舶指挥员汇总，由船舶指挥员和外轮理货员办理交接手续。双方核对本工班所装船的箱数、箱号及残损单（设备交接单）的份数，核对无误后，各自在对方的装船顺序单上签字。然后，船舶指挥员与下一工班的船舶指挥员进行现场交接。堆场员将做完的装船顺序单交控制船舶控制员签收。

4．单证处理

集装箱码头堆场必须缮制各类货运单证，以便于船舶办理集装箱的交接手续。

5.2 集装箱出口货运中的主要单证

5.2.1 集装箱出口货运的主要单证

集装箱运输单证是集装箱运输过程中有关各方（包括货方及其代理人、运输经营人及其代理人、实际承运人、港口、场站、监管部门等）责任、权利、义务协调和转移的凭证和证明。

一般认为，集装箱出口货运的主要单证由两大类组成：一类是进出口运输单证；另一类是向口岸各监管部门申报所用的单证。

1. 设备交接单

设备交接单是集装箱进出港区、场站时，用箱人、运箱人与管箱人或其代理人之间交接集装箱及设备的凭证。设备交接单分出场（港）和进场（港）两种。

设备交接单既是管箱人发放/回收集装箱或用箱人提取/还回集装箱的凭证，也是证明双方交接时集装箱状态的凭证，以及划分双方责任、义务和权利的依据。此单通常由管箱人（即租箱公司或代理人、航运公司或其他类型的集装箱经营人等）签发给用箱人，用箱人据此向场站领取或送还集装箱及设备。

设备交接单共有3联，分别为管箱单位留底联、码头与堆场联、用箱人与运箱人联。

2. 装箱单

装箱单是详细记载每一集装箱内所装货物的名称、数量、包装种类、标志等货运资料和积载情况的单证，是集装箱运输中记载箱内货物详细情况的唯一单证。此单以箱为单位制作，由装箱人填制并经装箱人签署后生效。

装箱单的主要作用如下：

（1）向承运人、收货人提供箱内货物明细的清单。

（2）集装箱货物向海关申报的主要单证之一。

（3）货方、港方、船方之间货、箱交接的凭证。

（4）船方编制船舶积载计划的依据，可辅助货物舱单。

（5）办理集装箱货物保税运输、安排拆箱作业的资料。

（6）集装箱运输货物商务索赔的依据。

3. 场站收据

场站收据是由承运人发出的证明已收到托运货物并开始对货物负责的凭证。

场站收据一般是在托运人口头或书面订舱，与航运公司或其代理达成货物运输的协议，航运公司或其代理确认订舱后由航运公司或其代理交托运人或货代填制，在承运人委托的码头堆场、集装箱货运站或内陆站收到整箱货或拼箱货后签发生效，托运人或其代理人可凭场站收据向航运公司或其代理换取已装船提单或待装船提单。

场站收据作用如下：

（1）航运公司或其代理确认订舱并在场站收据上加盖有关报关资格的单证章后，场站收据交给托运人或其代理人，意味着运输合同开始执行。

（2）出口货物报关的凭证之一。

（3）承运人已收到托运货物并对货物开始负有责任的证明。

（4）换取航运提单或联运提单的凭证。

（5）航运公司、港口组织装卸、理货、配载的资料。

（6）运费结算的依据。

（7）如信用证中有规定，可作为向银行结汇的单证。

4. 集装箱提单

集装箱提单指为装运集装箱所签发的提单，是集装箱运输主要的货运单据。

适用于集装箱运输的提单有两类：一类是港—港的海运提单；另一类是内陆—内陆的多式联运提单。不论是哪一类提单，其法律效力和作用与传统提单都是相同的。

为了适应集装箱运输的需要，其正面内容除了与传统海运提单相同，还增加了收货地点、交货地点、交接方式、集装箱号、封志号等内容。

由于集装箱交接一般都不在船边，集装箱提单一般是待装船提单。为了与信用证要求一致，集装箱提单一般增加装船备忘录栏，以便必要时加上"已装船"批注使之成为已装船提单。

集装箱提单制作（填制）时，应注意在箱数或件数栏内，既要填写集装箱数，又要填写箱内所装货物件数。否则发生灭失、损害时只能以箱作为一个理赔单位。对于拼箱货件数表示方法与传统提单相同，但应填写交接方式，使同一箱内的所有货物记载在同一箱号及封志号下。

与一般海运提单一样，集装箱提单正面和背面都印有提单条款，而且有相当多的内容与一般海运提单的格式相同，只是为了集装箱运输的实际需要，对某些条款的内容做了修改，增加了一些新条款，具体如下：

确认条款——表明负责集装箱运输的人，是在货物"外表状况良好、铅封完整"的情况下接受货物，并以同样的状况交货，说明签发给货物托运人的提单是一张收货待运提单。

承诺条款——表明承运人承认提单是运输合同成立的证明，承诺按照提单条款的规定承担义务并享受权利，而且也要求托运人承诺接受提单条款制约的条款。

签署条款——表明由谁签发提单，以及正本提单签发的份数。普通船提单都列明有船长签署的规定，尽管，实际上提单并非由船长签发。现行的集装箱提单一般都列入航运公司的名字，而且不管由谁签发提单，都仅是"代表承运人"签字，或"仅以代理人身份"签字。

5.2.2 集装箱出口货运十联单及用途

1. 集装箱出口货运十联单

集装箱出口货运十联单的内容如下所述。

第1联：集装箱货物托运单（货主留底）。

第 2 联：集装箱货物托运单（船代留底）。

第 3 联：运费通知 1。

第 4 联：运费通知 2。

第 5 联：场站收据（装货单）。

第 6 联：大副联（场站收据副本）。

第 7 联：场站收据正本。

第 8 联：货代留底。

第 9 联：配舱回单 1。

第 10 联：配舱回单 2。

2. 集装箱出口货运十联单各联名称及用途

集装箱出口货运十联单是集装箱运输中的常用单证，既是各方业务流转的工具，也是流转的证据，具体用途见表5.1。

表5.1 集装箱出口货运十联单各联名称及用途

序号	名称	颜色	主要用途
1	集装箱货物托运单	白色	货主留底
2	集装箱货物托运单	白色	船代留底，据以编制装船清单、积载图、预制提单等
3	运费通知 1	白色	计算运费
4	运费通知 2	白色	运费收取通知
5	场站收据（装货单）	白色	报关并作为装货指示
6	大副联（场站收据副本）	粉红色	报关，船上留存备查
7	场站收据正本	黄色	报关，船代凭此签发提单
8	货代留底	白色	缮制货物流向单
9	配舱回单 1	白色	货代缮制提单
10	配舱回单 2	白色	根据回单批准修改提单

边学边思考

集装箱出口货运流程是什么？涉及哪些单据？

学习心得_____

综合实训

实训内容	集装箱出口业务操作
实训地点	教室
实训目的	运用所学知识，进行集装箱出口业务操作
实训要求	对学生进行分组，5～6人为一组，完成集装箱出口业务实训
实训评价与考核	书面成绩占50%，操作结果占50%，总分100分

1. 背景材料

广东远洋船务运输公司接到如表5.2所示的出口运输任务。

表5.2 出口运输任务

运输货物	运输形式	运输数量	规格	始发地	目的地	运输时间
服装	集装箱运输	5个40英尺货柜	标准集装箱	上海	纽约	15天

不考虑相关国际业务，仅就集装箱业务而言，如何完成？

2. 任务实施

（1）教师布置集装箱业务，由学生自由分组来完成集装箱业务的模拟操作。
（2）学生分组讨论并完成任务。
（3）成果展示，每组派一个代表将小组讨论的结果向大家展示。展示内容如下：
①将讨论的成果写成书面文字并制作成相应的PPT。
②对内容进行讲解和分析。
（4）教师对学生的完成情况进行点评，并对知识内容进行梳理和总结。

任务评价

任务实施评价表

任务内容	评价标准	配分	自我评价	同学互评	老师评价
PPT制作	出口货运PPT内容完整、正确、美观	30分			
PPT展示	内容完整、逻辑清晰、表达流畅	40分			
小组合作	小组分工明确，能够互相配合、高效地完成任务	30分			
总分		100分			

第6章 集装箱进口业务

学习目标

知识目标

- ❖ 了解集装箱进口业务流程。
- ❖ 了解集装箱码头航运公司进口货运业务及其单证。

能力目标

- ❖ 能够完成集装箱进口货运单证的填写。
- ❖ 能够描述集装箱进口货运单证的流转过程及其工作原理。

素质目标

- ❖ 培育学生养成认真负责、踏实敬业的工作作风。
- ❖ 培育学生树立立足港航，面向世界的视野和担当精神。

思维导图

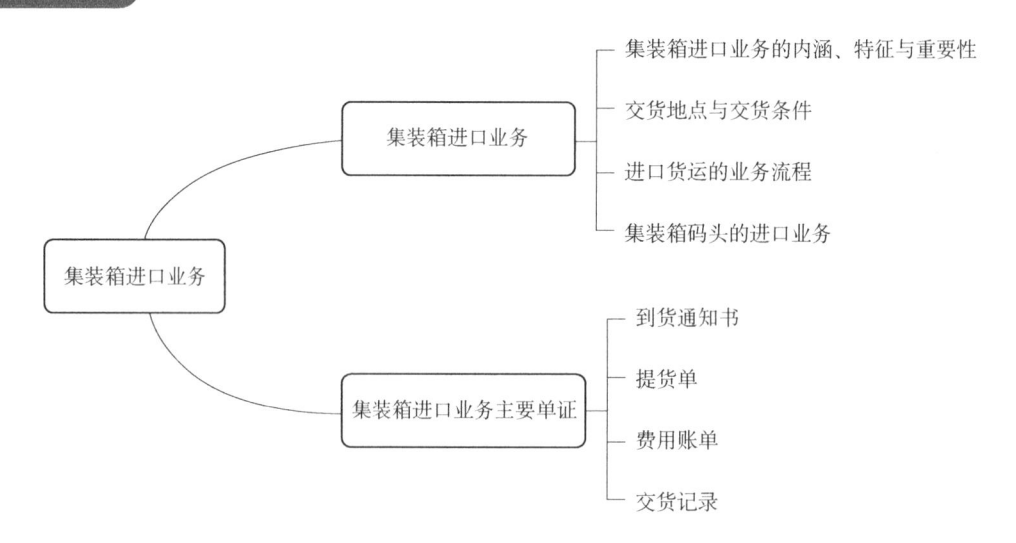

- 集装箱进口业务
  - 集装箱进口业务
    - 集装箱进口业务的内涵、特征与重要性
    - 交货地点与交货条件
    - 进口货运的业务流程
    - 集装箱码头的进口业务
  - 集装箱进口业务主要单证
    - 到货通知书
    - 提货单
    - 费用账单
    - 交货记录

案例导入

《感动中国》2023年度人物——张连钢

"这一块好钢,用到了刀刃上。把买不来的做出来,还要做到最快、最强、最智能,天降大任于己,何惜筋骨体肤,唯心志所向,百折不回。中国式现代化之路,就是这样走出来的!"这段《感动中国》2023年度人物盛典颁奖词,是对山东省港口集团有限公司高级别专家张连钢的真实写照。回溯张连钢过往,确实"百炼成钢"。考入大学、进入青岛港、参与全自动化集装箱码头研发……张连钢说,这是他人生重要的三次转折。在第三次转折中,他不顾自己身患重病,突破身体极限,带领"连钢创新团队"仅用三年半时间,建成拥有自主知识产权的全自动化集装箱码头,连续10次打破自己创造的世界纪录,让"中国智造"的旗帜在全球自动化码头的高峰上迎风飘扬。从追赶者到领跑者,张连钢说:"建设世界一流海洋港口,中国应该拥有属于自己的样本。"

相关知识

6.1 集装箱进口业务

集装箱进口业务是集装箱运输的重要节点,集装箱货物由起运港运输到达目的港,进口货主或代理人按照相关流程办理进口箱货提取业务。

6.1.1 集装箱进口业务的内涵、特征与重要性

1. 集装箱进口业务的内涵

集装箱进口业务是指将装载着货物的大型标准化集装箱,通过海运或其他方式跨国运输到达目的地港口,并进行相关的海关清关、提箱、拆箱等流程,最终将货物交付给国内消费者或企业的过程。

集装箱进口业务不仅涵盖了物流运输的环节,还深度涉及国际贸易、海关政策、供应链管理等多个方面。整个过程包括货物装箱、集装箱的运输、到港后的提箱作业,以及货物的清关、转运等多个环节。这些环节间高效协同,是集装箱进口业务能够顺利进行的保证。

从集装箱的标准化和封闭性特点出发，可以发现集装箱进口业务在保障货物安全、提高运输效率方面有着无可比拟的优势。标准化确保了全球范围内的通用性和互换性，而封闭性则保护了货物在长途运输过程中的安全，大大减少了因转运、装卸等环节导致的货损和货差。

综上所述，集装箱进口业务是一个涉及多个环节、多方参与、具有严格规范性和高效率的复杂系统。它不仅是国际贸易中重要的一环，也是现代物流体系中的关键组成部分。随着运输技术的发展和国际贸易环境的变化，集装箱进口业务也在不断地优化和升级，以应对更加多样化和复杂化的市场需求。

2. 集装箱进口业务的特征

集装箱进口业务的特征，有如下几点。

一是标准化。集装箱的外形尺寸、装载量、材料等都有统一标准，使得货物装载和运输方便快捷，标准化程度高，不必在不同的地方重新装载和卸货。这一特点大大提高了货物运输的效率和可靠性。

二是机械化。由于集装箱的统一规格及各种配套设施的普及，集装箱运输已经可以实现全过程的自动化、机械化操作，从而提高了装卸效率，降低了人工成本。

三是封闭性。集装箱具有良好的密封性，可以包装不同种类、尺寸的货物，保证货物不受损失，更加安全可靠。这一特点在进口业务中尤为重要，因为它能确保货物在长途运输过程中保持完好无损。

四是时间效率高。采用集装箱运输已经实现了全过程的机械化操作，避免了人工装卸、换装等环节，因此可以大大提高物流效率，让货物可以更快地到达目的地。对于进口业务而言，时间就是金钱，快速高效的物流能够为企业节省大量成本，创造更多效益。

3. 集装箱进口业务的重要性

集装箱进口业务的重要性包括以下几点。

一是保障货物安全与质量。集装箱的封闭性和标准化特点能够确保进口货物在运输过程中的安全性和质量稳定性，减少货损和货差，从而维护了进口商和消费者的利益。

二是提高运输效率。集装箱运输的机械化操作和标准化管理大大提高了货物的装卸速度和运输效率，缩短了货物在途时间，为进口业务提供了更加快速、可靠的物流保障。

三是促进国际贸易发展。集装箱运输的普及和便捷性极大地推动了国际贸易的发展。通过集装箱进口业务，各国能够更加方便地进行商品交流和贸易往来，促进了全球经济的繁荣与发展。

综上所述，集装箱进口业务以其独特的优势和重要性在国际贸易中占据了举足轻重的地位。

6.1.2 交货地点与交货条件

关于交货地点经历了一个演变的过程。普通海运货物的交接地点一般在船舱边或船边，而集装箱货运则延伸到陆地，可以直达站、场、门等。

关于交货条件，分拼箱货和整箱货。前者一般在码头场站或由拼箱货一方或由代理整箱拖出码头闸口，拆箱提取，返还空箱。后者按照整箱提取箱货，而后空箱返场。整箱交货要保持箱体完好，铅封完整。

6.1.3 进口货运的业务流程

集装箱进口货运业务与出口货运业务有相同之处。进口货运的业务流程涉及主体众多，流程复杂。下面以场到场的交接方式为例，介绍集装箱进口货运的业务流程。

1. 接收进口货运资料

出口货物在装运港装船开航后，装运港船代根据装船实际情况编制一系列出口货运单证，寄往卸船港船代，使其能及时掌握进口货运情况，做好接船接货准备。

2. 发出到货通知书

卸货港船代根据船期，在船舶到港前，根据预到的进口货运资料，按照提单号一一编制"到货通知书"并寄收货人，使其做好提货准备。

3. 赎取提单

收货人向开证行办妥手续、结清货款及有关费用后，取得提单。

4. 卸船

集装箱码头工作人员根据预到的进口船图、进口舱单等资料，制订卸船作业计划，并按计划组织卸船。外理公司代表承运人理箱并与码头工作人员在船边进行集装箱交接。

5. 换取提货单

收货人凭"到货通知书"和提单向船代换取提货单。

6. 进口报关报检

收货人凭提货单等单证向口岸监管部门报关检验，海关审核后在提货单上加盖海关放行章，准予进口箱提运。

7. 提运重箱

收货人凭通关的提货单向集装箱码头办理提运重箱手续后，提运重箱出场。

8. 拆箱

收货人拖重箱至拆箱点负责自行拆箱。

9. 返还空箱

收货人拆箱后，清扫空箱，并在规定的还箱期内拖空箱至指定的还箱点。

6.1.4 集装箱码头的进口业务

进口准备工作与出口业务一样，集装箱码头在实施进口作业前，也要完成一系列的准备工作，具体步骤如下。

第一步，接收进口货运资料。

在船舶到港前，集装箱码头通常要求船代提供以下单证。

（1）船期预报和确报。这是集装箱码头安排泊位及卸船作业的重要依据。

（2）进口舱单。进口舱单是按照提单号序列编制的船舶所载进口集装箱详细内容的汇总资料，它是集装箱码头安排卸船作业的重要单证，也是安排收货人提运作业的原始依据。

（3）进口船图。进口船图列明每一个进口集装箱在船上的具体箱位，它也是集装箱码头安排卸船作业的重要单证。

（4）装运港理货报告。装运港理货报告是装运港外理根据装船实际情况编制的一份单证，主要作为港船双方划分原残和工残的原始凭证。

第二步，编制进口作业计划。

（1）船舶计划。由于集装箱船舶靠泊时，通常既有卸船作业，也有装船作业，因此船舶计划通常不分进口与出口，而是同一份计划。

（2）堆场计划。进口堆场计划的编制原则与方法基本上与出口堆场计划相同，其主要依据是进口船图、进口舱单及集装箱码头堆场可利用情况。此外，除20英尺箱和40英尺箱分开堆放，普通箱与特种箱、危险品箱分开堆放外，还应将空箱与重箱分开堆放，并尽可能将一票箱量较大的集装箱集中堆放。与出口堆场计划一样，进口堆场计划也应根据船舶计划合理调整，以保证卸船作业的顺利进行。

（3）卸船顺序单。卸船顺序单是依据进口船图和进口舱单编制的，它是列明该船所有进口集装箱情况的汇总表，也是卸船作业的依据之一。

第三步，卸船和理箱。

在船舶到港靠泊后应按照各项卸船作业计划，由控制室指挥岸边卸船、水平搬运和堆场堆箱，并对整个作业过程实施实时监控和协调。同时，由外理代表船方理箱，并与港方进行集装箱交接，如有异常情况，应首先分清原残还是工残，如为工残则如实填写残损记录，双方共同签字以明确责任。

第四步，卸船结束工作。

卸船结束后，集装箱码头按卸船作业的实际情况编制单证：

（1）卸船作业签证。卸船作业签证是集装箱码头完成卸船作业后签发的一份向船方收取费用的凭证，其内容与装船作业签证相似。同样，卸船作业签证也必须仔细核对，如实填写并与大副共同审核无误后双方签字确认，作为向船方结算卸船费用的原始凭证。

（2）进口单船小结。进口单船小结是卸船结束后根据该船实际卸箱情况编制的汇总表，其内容与出口单船小结相似，它是集装箱码头统计业务量的凭证，同时也是与船代核对并更改进口舱单的资料。

第五步，提运重箱。

根据实际卸船进口集装箱的资料，集装箱码头编制进口集装箱动态表后，便可着手进行收货人进口重箱的提运作业。收货人凭办妥清关手续的提货单，通常委托集装箱卡车司机到码头受理台申请提运进口重箱手续。集装箱码头受理台业务人员应验明提货单是否办妥所有进口手续，并按提单号核对进口集装箱动态表，在收货人付清有关码头费用后，收下提货单，签发提箱凭证交集装箱卡车司机，并在电脑中作出相应的重箱提运计划。集装箱卡车司机凭提箱凭证、设备交接单在检查口办妥提箱手续后，到指定的堆场箱区提运重箱。

第六步，返还空箱。

箱货提存以后，及时拆箱取货，把空箱返回箱运站。

视野拓展

集装箱码头的进口业务的发展趋势

数字化与智能化：随着物联网、大数据和人工智能技术的不断发展，集装箱进口业务正变得越来越智能化。例如，通过安装智能传感器，可以实时监控集装箱的温度、湿度和货物状态，确保进口货物的安全。同时，利用大数据分析，可以更精准地预测货物到港时间，优化物流路径，减少仓储和运输成本。

绿色环保：在全球倡导可持续发展的背景下，集装箱进口业务也在努力减少对环境的影响。越来越多的集装箱开始采用环保材料，如轻量化设计和可回收材料，以降低碳排放。此外，电动和氢能源等清洁能源驱动的集装箱运输车辆也在逐步替代传统燃油车辆，以减少运输过程中的污染。

区域化整合：随着全球贸易的深入发展，集装箱进口业务正逐渐从全球化向区域化转变。各国和地区间通过签订自由贸易协定等方式，加强区域内的贸易合作。这使得集装箱进口业务更加聚焦于特定区域，提高了运输的针对性和效率。例如，东南亚地区通过加强区域合作，形成了高效的集装箱物流网络，促进了区域内的贸易繁荣。

综上所述，集装箱进口业务在数字化与智能化、绿色环保和区域化整合等趋势的推动下，正不断适应和引领全球贸易发展的新潮流。

6.2 集装箱进口业务主要单证

集装箱进口业务的主要单证包括到货通知书、提货单和费用账单。在实际业务中,收货人或其代理人在收到航运公司的到货通知书后,凭信用证和相关单证在银行结汇后,赎得提单。收货人向航运公司在卸货港的代理人交出正本提单,再由航运公司的代理人签发一份提货单给收货人或其代理人,收货人或其代理人再凭提货单到码头提取货物。

6.2.1 到货通知书

到货通知书是在卸货港的船舶代理人在集装箱卸入集装箱堆场或移至集装箱货运站,并办好交接准备后,向收货人发出的要求收货人及时提取货物的书面通知,如图6.1所示。

到货通知书分为集装箱进口货到货通知书和件杂货进口货到货通知书两类。其中集装箱进口货到货通知书是集装箱进口五联货运套单中的第1联。

到货通知书

ARRIVAL NOTICE　　　　　　　　　　　　　NO.
　　　　　　　　　　　　　　　　　　　　　船档号

您单位下列进口货物已抵港,请速凭正本提单并背书后来我公司办理提货手续。

收货人	名称		收货人开户银行与账号	
	地址			
船名		航次	起运港	目的地
提单号		交付条款	到付海运费	
提货地点		到达日期	进库场日期	第一程运输
标记与集装箱号		货名	集装箱数或件数	重量/KGS	体积/m³

交付收货人

特此通知

　　　　　　　　　　　　　　　　　　　　　　　　　　　　　年　月　日

图6.1 到货通知书样本

6.2.2 提货单

提货单是收货人或其代理人据以向码头提取货物的凭证。提货单实质上是集装箱进口五联货运套单中的第2联,它与提单的性质完全不同,其不具备流通性,不能买卖,仅为航运公司或航运公司的代理人指令码头堆场或仓库向指明的货主交付货物的凭证,如图6.2所示。

集装箱码头与收货人在进行货物交接前,应仔细核查以下信息。
(1)单单是否相符(提货单与舱单)。
(2)提货单上各项手续是否齐全(特别是海关放行章)。
(3)收货人是否已结清有关的费用。

提 货 单

DELIVERY OEDER　　　　　　　　　　　　　　　　　　　　NO.

致:_____港区、场站
收货人:_____

船名		航次		起运港		目的地	
提单号		交付条款		到付海运费			
卸货地点		到达日期		进库场日期		第一程运输	
标记与集装箱号		货名		集装箱数	件数	重量/KGS	体积/m³

请核对放货:

提货专用章

凡属法定检验、检疫的进口商品,必须向有关监督机构申报。

收货人章	海关章		

图6.2 提货单

6.2.3 费用账单

费用账单(如图6.3所示)信息说明如下所述。
(1)费用账单是进口集装箱提箱费用清单,按照信用证信息填写承运船舶和货物的信息;
(2)费用的收取标准按照现行国家或地区的标准计算。
(3)相关责任方要签字盖章。
(4)费用账单共两联。

费用账单								
							NO.	
		港区、场、站				船档号		
收货人	名称					收货人开户银行与账号		
	地址							
船名		航次		起运港			目的地	
提单号		交付条款			到付海运费			
卸货地点		到达日期		进库场日期		第一程运输		
标记与集装箱号			货名		集装箱数或件数		重量/KGS	体积/m³
费用名称	计费吨	单价	金额	计费吨	单价	金额	收货人章	
港务费								
港建费								
堆存费							收款单位财务章	
装卸费							港区、场、站受理章	
							核算章	复核章
其他								
合计							开单日期	

图6.3 费用账单

边学边思考

集装箱进口货运流程有哪些？涉及哪些单据？

学习心得_____

_____

综合实训

实训内容	集装箱进口业务操作
实训地点	教室/实训室
实训目的	运用所学知识，进行集装箱进口业务操作
实训要求	对学生进行分组，5~6人为一组，完成集装箱进口业务实训
实训评价与考核	书面成绩占50%，操作结果占50%，总分100分

1. 背景材料

青岛华东远洋船务运输公司接到如表6.1所示的进口运输任务。

表6.1 进口运输任务

类型	箱型	数量	船名航次	起运港	目的港	目的港时间
服装集装箱	40英尺	5	中远青岛508E	新加坡	青岛	5月8日

要求：完成进口提箱业务。

2. 任务实施

（1）教师安排集装箱业务，由学生自由分组来完成集装箱业务的模拟操作。

（2）学生分组讨论并完成任务。

（3）成果展示，每组派一个代表将小组讨论的结果向大家展示。展示内容如下：

①将讨论的成果写成书面文字并制作成相应的PPT。

②对内容进行讲解和分析。

（4）教师对学生的完成情况进行点评，并对知识内容进行梳理和总结。

任务评价

任务实施评价表

任务内容	评价标准	配分	自我评价	同学互评	老师评价
进口箱流程	清晰阐明进口箱流程	20分			
进口箱相关单证	精准说明进口箱业务所需的单证	20分			
PPT展示	清晰、准确、美观	30分			
进口箱业务讲解	讲解简练、精准、专业	30分			
总 分		100分			

巩固练习

一、填空

1. 集装箱货物交接场所有（　　）、（　　）、（　　）三处。
2. 集装箱货物的交接类型有（　　）和（　　）两种，交接方式有（　　）种，最常见的交接方式是（　　），最具优越性和发展前景的交接方式是（　　）。
3. 进口整箱货提货地点在（　　），进口拼箱货提货地点在（　　）。
4. 专用于进口的主要单证有（　　）、（　　）。
5. 进口整箱货提箱时收货人需检查（　　）是否正确与（　　）是否完好。
6. 进口箱收货人凭（　　）在航运公司换单。
7. 进口箱海关放行章盖在（　　）上。
8. 进口提箱用设备交接单分（　　）和（　　）两种，各一式（　　）联。
9. 进口箱到货通知由（　　）发出。
10. 整箱由（　　）负责装箱，（　　）负责施封，（　　）制作装箱单。
11. 拼箱由（　　）负责装箱，（　　）负责施封，（　　）制作装箱单。

二、翻译

整箱货　拼箱货　提货单

三、简述题

1. 进口箱提取的交接责任界定标准是什么？
2. 进口箱理货报告有哪几种？如果你是进口箱货运代理，进口货主因集装箱残损造成的货损纠纷，应该如何应对？

第7章 集装箱多式联运及集装箱运输发展趋势

学习目标

知识目标

- 认识多式联运的基本内涵和组织方式。
- 掌握集装箱运输发展趋势和基本规律。

能力目标

- 具备多式联运的基本知识。
- 能设置简单的多式联运作业方案。
- 能把握集装箱运输的发展趋势。

素质目标

- 树立经济共同体的时代价值观念。
- 在交通强国战略中促进包容发展。

思维导图

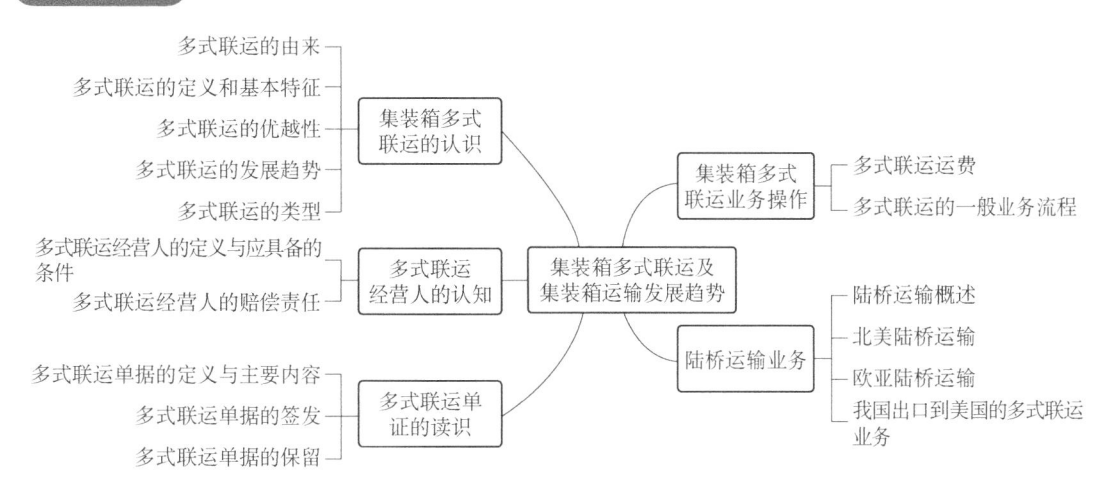

```
                                                          ┌─ 多式联运的由来
                                                          ├─ 多式联运的定义和基本特征
                                          ┌─ 集装箱多式 ──┼─ 多式联运的优越性
                                          │  联运的认识    ├─ 多式联运的发展趋势
                                          │               └─ 多式联运的类型
                                          │
                                          │               ┌─ 多式联运运费
                                          ├─ 集装箱多式 ──┤
                                          │  联运业务操作  └─ 多式联运的一般业务流程
           集装箱多式联运及                │
           集装箱运输发展趋势 ─────────────┤
                                          │               ┌─ 多式联运经营人的定义与应具备的条件
                                          ├─ 多式联运 ────┤
                                          │  经营人的认知  └─ 多式联运经营人的赔偿责任
                                          │
                                          │               ┌─ 陆桥运输概述
                                          │               ├─ 北美陆桥运输
                                          ├─ 陆桥运输业务─┼─ 欧亚陆桥运输
                                          │               └─ 我国出口到美国的多式联运业务
                                          │
                                          │               ┌─ 多式联运单据的定义与主要内容
                                          └─ 多式联运单 ──┼─ 多式联运单据的签发
                                             证的读识     └─ 多式联运单据的保留
```

案例导入

国际多式联运案例分析

1. 国际多式联运案例分析之一

2019年6月5日，A货主与B货代公司签订一份关于货物全程运输的协议，约定由B货代公司承运A货主的货物，包括从A货主所在地汽车运输至香港、香港至新加坡的海上船舶运输，A货主一次性支付全程运费。该协议并无关于运输烟花等危险品的约定，且B货代公司的经营范围仅为普通货物运输服务。在A货主处装车时，B货代公司发现所运货物16 000箱烟花并表示拒绝运输，但A货主坚持要B货代公司承运，B货代公司遂接受了运输任务。在汽运过程中，由于司机违章抢道行驶与火车相撞，导致货物发生爆炸全损。A、B双方当事人就有关责任和索赔发生纠纷并诉至法院。

根据题意请分析回答：
（1）本案是否属于国际多式联运合同纠纷？为什么？
（2）A货主对此是否负有责任？为什么？
（3）B货代公司是否负有责任？为什么？

2. 国际多式联运案例分析之二

我国A公司与美国B公司签订了进口3套设备的贸易合同，FOB美国西海岸，目的地为山东济南。A公司委托C航运公司负责全程运输。C航运公司从美国西雅图港以海运方式运输了装载于3个集装箱的设备到青岛港，C航运公司委托D货代公司负责青岛到济南的陆路运输，双方订立陆路运输合同。D货代公司并没有亲自运输，而是委托E汽车运输服务公司运输。货物运到目的地后，收货人发现2个集装箱破损，货物严重损坏。经查实发现涉案2个集装箱货物的损坏发生在青岛至济南的陆路运输区段。

请分析并解答下列问题（本案适用中国法律）：
（1）C航运公司是否对货物的损失承担责任？为什么？
（2）阐述C航运公司和D货代公司的法律地位。
（3）本案是否按照中国《海商法》关于承运人赔偿责任和责任限额的规定来确定当事人的赔偿责任？为什么？

3. 国际多式联运案例分析之三

2020年5月20日，我国甲电力有限公司从欧洲进口一批发电机组及配套设备，委托我国乙货运代理公司负责全程运输。乙货运代理公司以托运人的身份向海运承运人订舱，装卸港口分别为A和B。货物从欧洲港口起运前，甲电力有限公司向我国丙财产保险股份有限公司投保海洋货物运输一切险，保险单上启运港和目的港分别为A和B。2020年6月9日，在发电设备被海运至我国B港后，乙货运代理公司又转委托中国丁运输有限公司将其运至甲电力有限公司在C地的工地，并向其支付陆运运费。发电设备在公路运输途中，从丁运输有限公司的车上侧移跌落地面，严重受损。

根据本案例，请分析：
（1）甲公司的货损应向谁索赔？为什么？
（2）丁运输有限公司是否要承担责任？为什么？

（3）丙财产保险股份公司是否应承担责任？为什么？

4. 国际多式联运案例分析之四

2019年6月，我国A进出口公司委托B货运代理公司办理600个纸箱的男式羽绒滑雪衫出口日本的手续。B公司将货物装上C航运公司派的船舶并向A公司签发了清洁的多式联运提单。提单载明货物数量为600个纸箱，分装在3个集装箱内。6月29日，该轮船抵达神户港。同日，集装箱被卸到岸上。7月7日，这3个集装箱由B公司安排卡车运至东京收货人仓库，收货人发现货物由于集装箱有裂痕，导致雨水进入箱内造成货物损坏。2020年9月25日，收货人以B货运代理公司和实际承运人C航运公司为被告，向法院提起诉讼。

根据本案例，请分析：

（1）B货运代理公司的身份是代理人还是承运人？为什么？

（2）依据我国《海商法》的规定，C航运公司是否应承担赔偿责任？为什么？

（3）依据国际多式联运公约的规定，B货运代理公司是否应承担赔偿责任？为什么？

5. 国际多式联运案例分析之五

A国际货运代理公司与发货人订立多式联运合同，并负责将两个集装箱货物从大连经印度孟买运至新德里。A国际货运代理公司分别与B航运公司和C铁路运输公司签订运输合同，货物装船后B航运公司签发清洁海运提单。货物在孟买港卸船时发现其中一个集装箱外表损坏，A国际货运代理公司在当地的代理人将货物通过铁路运往新德里前，已告知C铁路运输公司。当集装箱到达新德里后，收货人发现外表损坏的集装箱内的货物严重受损。

根据本案例，试回答以下问题：

（1）A国际货运代理公司是否应承担责任？为什么？

（2）B航运公司是否应承担责任？为什么？

（3）C铁路运输公司是否应承担责任？为什么？

启示：集装箱多式联运是当今世界最重要的贸易运输方式，而国际多式联运则是常用的运输方式。其涉及的交通运输责任更加复杂多元。掌握集装箱国际多式联运的基本方式，对于明确责任，提升运输效益至关重要。

相关知识

7.1 集装箱多式联运的认识

7.1.1 多式联运的由来

多式联运源远流长，可以追溯到20世纪初。当时由于船队规模的迅速发展，国际班轮航线相继开辟，为海运与陆运的连接提供了方便。例如，远东的货主将货物装上班轮，运往美国西海岸港口再装上铁路直达列车，直接到达美国中部或东部交货。这种联运方式利用了海运班轮运输和铁路直达运输的优点,与过去巴拿马运河单一海运方式相比,既缩短了运输距离,也节省了运输时间和运输成本。然而这种海陆联运还不是真正的多式联运,只是一种分段联运。在全程联运中没有一个经营人对全程运输负责,而是海运与陆运的分段协作,各自签发自己的运输单据,并对自己的运输区段负责。

"二战"后西方各国尤其是美国经济迅速恢复,并很快进入快速增长期,产业界的机械化和大规模化生产的革新很快涉及运输业,出现了油品运输、散货运输的大型化、专业化生产。特别是20世纪50年代中叶,被誉为第三次运输革命的集装箱运输,其高效率、高质量、高效益的优越性越来越被世界各国认可,从而在短短的10年间从集装箱运输的发展地美国走向全世界,掀起了国际化的集装箱运输热潮。从历史发展角度来看,尽管在集装箱运输以前也有极少数的多式联运,即由一个总的经营人签发全程联运提单并对全程运输负责,但由于件杂货运输装卸效率低下,货损货差及被偷盗概率大,加上多式联运运距远、时间长、不确定因素多,故经营多式联运的风险极大。所以,在集装箱运输产业产生以前,多式联运很难也很少开展。

集装箱运输的产生并在全世界迅速发展,为现代多式联运的发展打下了良好的基础。20世纪60年代末,美国率先开展多式联运,取得了显著的经济效果,受到货主的欢迎。随后,发达国家在集装箱运输技术臻于完善的情况下,针对货主市场的需要,纷纷开展了以集装箱运输为基础的多式联运。目前,发达国家在集装箱运输中,多式联运已占有较大比例。例如,美国进出口量占80%的西海岸,多式联运的比例已达50%以上。广大发展中国家在开展集装箱运输的同时也认识到多式联运的优越性,及时总结其发展趋势,纷纷进行多式联运的尝试。

7.1.2 多式联运的定义和基本特征

1. 国际多式联运的定义

多式联运是运输组织技术的发展和革新,也是集装箱运输的高级组织形式。与分段联运相比,多式联运不仅仅是不同运输工具进行的联合运输,更重要的是在全程运输中只有一份运输合同,由多式联运经营人作为合同承运人统一组织全程运输,负责将货物从接货地运往交货地。因此,多式联运在本质上不同于分段联运,它是一种体现整体性的高效率的联运组织形式。

1980年通过的《联合国国际货物多式联运公约》对多式联运的定义明确强调了多式联运的整体性:"国际多式联运是指按照多式联运合同,以至少两种不同的运输方式,由多式联运经营人将货物从一国境内接管货物的地点运至另一国境内指定交付货物的地点。"

2. 国际多式联运的基本特征

1)必须订立多式联运合同

在多式联运中,多式联运经营人必须与托运人订立多式联运合同。多式联运合同是指多式联运经营人凭其收取全程运费,使用两种或两种以上不同运输工具,负责组织完成货物全程运输的合同。在分段联运中，托运人必须与不同运输区段承运人分别订立合同，而在多式联运中，无论实际运输有几个区段，也无论有几种不同运输方式，均只需订立一份合同——多式联运合同。托运人只与多式联运经营人有业务和法律上的关系，至于各区段实际承运人，托运人不须与他们发生任何业务和法律上的关系。

2）必须由多式联运经营人对全程运输负责

按照多式联运合同，多式联运经营人必须对从接货地至交货地的全程运输负责，货物在全程运输中的任何实际运输区段的灭失损害及延误交付，均由多式联运经营人以本人身份直接负责赔偿，尽管多式联运经营人可向事故实际区段承运人追偿，但这丝毫不能改变多式联运经营人作为多式联运合同当事人的身份。

3）必须是两种或两种以上不同运输方式组成的连贯运输

多式联运是至少两种不同运输方式的连贯运输，如海—铁、海—公、海—空联运等。因此判断一个联运是否为多式联运，不同运输方式的组成是一个重要因素。例如，目前许多航运公司开展的海—海联运，由契约承运人签发全程联运提单，对全程运输负责，通过一程船、二程船的接力形式，将货物从起运港运至最终目的地，但这种联运只使用了一种运输方式即海—海联运，所以不属于多式联运的范畴。

4）必须是国际货物运输

国际多式联运所承运的货物必须是从一国境内接管货物的地点运至另一国境内指定交付货物的地点，是一种国际货物运输。

5）必须签发多式联运单据

多式联运经营人作为多式联运的总负责人，在接管货物后必须签发多式联运单据，从发货地直至收货地，一单到底，发货人凭多式联运单据向银行结汇，收货人凭多式联运单据向多式联运经营人或其代理人提取货物。因此，多式联运单据一经签发，就表明多式联运经营人已收到托运人的货物并对货物的全程运输开始负有责任。多式联运单据的签发，同时也证明了多式联运合同，即托运人和多式联运经营人是在多式联运合同下进行货物的交接和多式联运单据签发的。此外，多式联运单据一经签发，多式联运经营人应保证将货物运至另一国指定交付地，并将货物交付指明的收货人或多式联运单据的持有人。

6）必须是单一的运费率

海运、铁路、公路及航空各种单一运输方式的成本不同，因而其运费率也不同，在多式联运中，尽管组成多式联运的各运输区段运费率不同，但托运人与多式联运经营人订立的多式联运合同中的运费率是单一的，即以一种运费率结算从接货地至交货地的全程运输费用，从而大大简化和方便了货物运费计算。

7.1.3 多式联运的优越性

多式联运的优越性主要体现在方便货主和提高货运质量，这也是多式联运产生后在世界各国能普遍发展的根本原因。

1. 手续简便

在多式联运方式下，无论货物运输距离有多远，无论使用几种不同运输方式，也无论全程运输途中经过多少次不同运输方式之间的转换，从发货地直至交货地的所有一切运输事宜，都由多式联运经营人负责办理，而货主只要一次托运、一次付费、一次投保，便可凭多式联运单据向银行结汇，收货人可凭多式联运单据向多式联运经营人或其代理人提取货物，与传统的分段联运相比，这种简便的手续极大地方便了货主。

2. 安全可靠

多式联运是在集装箱运输基础上发展起来的一种现代化运输组织方式。目前多式联运绝大多数以集装箱运输为主体，货物虽然经过长途运输和多次装卸转运，但都不需要掏箱倒载和换装，从接货地直至交货地，货物一直被密封在坚固的集装箱内，从而使货损、货差、被盗情况大大减少。同时，由于有多式联运经营人对全程运输负责，可减少全程运输中的中间环节和等待时间，从而可提高全程货运的速度。因此多式联运能够安全可靠地完成全程运输。

3. 提早结汇

传统海运必须凭已装船提单才能向银行结汇，而在多式联运方式下，发货人将货物交多式联运经营人或其代理人后，通常可凭其签发的多式联运单据结汇，这对从内地发货的货主来说，可以提早结汇时间，加快资金周转，提高资金使用效果。

4. 统一理赔

在分段联运方式下，由于各区段承运人只对本区段运输负责，因此一旦发生货损货差，货主必须向参加联运的一个或几个承运人索赔。而在多式联运方式下，无论货损货差发生在哪个运输区段，甚至是无法确认事故区段的隐藏损害，均由多式联运经营人负责统一理赔，并直接向货主进行赔偿。

5. 实现合理化综合运输

从整个运输体系看，分段联运的各区段承运人实际上是各自为政、自成体系的，它们没有对全程运输统一管理的意图，也没有对全程运输负责的义务。在多式联运方式下，由于多式联运经营人负责对全程联运的经营，并对全程运输负责，凭借其多式联运业务能力、技术能力和在世界各地的业务网点，以及多式联运经营人与广大货主的切实联系和对各种运输方式的熟悉，多式联运经营人可以在一定时空范围内，将海运、铁路、公路和航空等各种不同运输方式有机地连接起来，选择最佳的运输线路，综合利用各种运输方式的优点，形成既分工又协作的有机整体，从而实现合理化综合运输，充分体现社会化大生产特点，获得规模经济效益和良好的社会效益。

7.1.4 多式联运的发展趋势

多式联运作为一种先进的现代运输组织方式，在世界范围内发展十分迅速。综观当今世界多式联运的发展，呈现以下趋势。

1. 多式联运经营人向多元化方向发展

作为多式联运经营人，其前身大多数是大型国际货运代理或航运公司，为了扩大服务范围，提高服务质量，已开始从单一的货运代理或海运业务向多元化方向发展。例如，一些货代企业除传统的货运代理业务外，还以贸易商的身份从事国际贸易业务，以无船承运人身份承接运输业务和多式联运业务，成为多种业务的联合体。又如，一些航运公司在传统的海运业务的基础上，不断向陆上业务拓展，参与代理业、陆运服务业的经营，并组织多式联运，呈现了多元化发展的趋势。

2. 多式联运的业务范围不断扩大

为了满足开展多式联运的需要，多式联运经营人不断把业务向海外扩张，在世界各地物资集散地建立分支机构或代理网点，扩充并完善其服务网络，为货主提供更大的服务空间。在当今全球经济一体化的背景下，尤其是跨国公司在世界范围内资源优化配置的需求下，多式联运已从发达国家向发展中国家渗透，其业务范围呈现不断扩大的趋势。

3. 多式联运向现代物流领域拓展

运输是现代物流结构体系中不可缺少的一个重要环节，以集装箱运输为基础的多式联运，在现代物流中已越来越呈现其独特的优势，一方面现代物流离不开多式联运的支撑，另一方面许多多式联运经营人已充分认识到现代物流在当今世界经济中的重要性，纷纷加入或经营现代物流业。例如，作为当今多式联运经营人主体的航运公司中，世界排名前20位的大型航运公司如马士基、长荣、韩进、中远、中海等，都已进军物流业，成为现代物流的一支重要力量。

7.1.5 多式联运的类型

根据《联合国国际货物多式联运公约》的定义，从运输方式的组成看，多式联运必须是两种或两种以上不同运输方式组成的连贯运输。按这种方法分类，理论上多式联运有海—铁、海—空、海—公、铁—公、铁—空、公—空、海—铁—海、公—海—空等多种类型，但由于当今国际运输中海运占绝大多数的比例，因此目前多式联运主要有海—铁、海—空及江—海等类型。

1. 海—铁多式联运

海—铁（包括海—铁—海）多式联运，是当今多式联运的主要类型，特别是利用大陆桥开展海—铁或海—铁—海多式联运。所谓大陆桥是指大陆两端的港口之间，不通过跨洋过运河的海运，而是通过横贯大陆的铁路，把货物从一端港口运至另一端港口，人们形象地把这种跨越大陆两端连接海运的铁路，称为大陆桥。利用大陆桥进行海—铁—海多式联运，比单一海运可缩短运输距离、节省运输时间和运输成本。例如，从日本至鹿特丹利用西伯利亚大陆桥的海—铁多式联运，比经苏伊士运河的全程海运缩短距离约7000千米，可节省时间和运费20%左右，经济效益十分显著。当今世界主要有三座大陆桥，即位于欧亚大陆的第一欧亚大陆桥（西伯利亚大陆桥）、第二欧亚大陆桥（新亚欧大陆桥）和位于北美大陆的北美大陆桥（主要为美国大陆桥）。

2. 海—空多式联运

海—空多式联运结合海运运量大、成本低和空运速度快、时间要求紧的特点，能对不同运量和不同运输时间要求的货物进行有机结合。随着世界商品技术含量的不断提高，并向轻、小、精、薄方向发展，以及跨国公司对及时运输的需求，发达国家已出现采用大型飞机进行国际标准集装箱（空陆水联运集装箱）的海—空多式联运方式。目前世界上海—空多式联运主要线路一条是远东至欧洲的联运，约占海—空联运总运量的50%以上。该运输线路的西行线是远东通过海运至北美西部港口，如温哥华、西雅图、洛杉矶等，再通过空运至欧洲的目的地；东行线主要通过海参崴、香港等港口，再通过空运中转至欧洲目的地。另一条主要海—空联运路线是远东至中南美，即远东海运至北美西部的温哥华、洛杉矶等港口，再转空运至中南美内陆目的地。随着世界范围内物流业的兴起，一些大型国际配送中心根据资料预测用户的货物需求量，通过运输成本低廉的海运事先取得货物，然后根据用户的订单采取空运，可在24小时内完成交货。

3. 江—海多式联运

江—海多式联运把海运和内河运输连接起来，既可充分发挥海运量大、成本低的优点，又可发挥内河运输价廉、灵活的优点，能方便地把货物运至内河水系的广大地区。目前世界范围最典型的江—海联运是利用欧洲国际内河水道莱茵河，在数千米的沿岸，一些重要的工商业中心都通水路，建设了设备设施先进的高效率的内河集装箱码头，开辟了各内陆工商业中心到鹿特丹、安特卫普等海港频繁的定班船，一方面保证了运输时间，另一方面大大缩短了货物在海港的滞留时间，既方便又高效。而我国也充分利用长江、珠江开展了不同形式的江—海联运，取得了明显的经济效益。

7.2 多式联运经营人的认知

视野拓展

国务院办公厅印发《推进多式联运发展优化调整运输结构工作方案（2021—2025年）》（以下简称《方案》），以习近平新时代中国特色社会主义思想为指导，深入贯彻党的十九大和十九届历次全会精神，以加快建设交通强国为目标，以发展多式联运为抓手，加快构建安全、便捷、高效、绿色、经济的现代化综合交通体系，更好地服务构建新发展格局，为实现碳达峰、碳中和目标作出交通贡献。《方案》提出，到2025年，多式联运发展水平明显提升，基本形成大宗货物及集装箱中长距离运输以铁路和水路为主的发展格局，全国铁路和水路货运量比2020年分别增长10%和12%左右，集装箱铁水联运量年均增长15%以上。

提出六方面政策措施。一是提升多式联运承载能力和衔接水平。二是创新多式联运组织模式。丰富多式联运服务产品，大力发展铁路快运，推动冷链、危化品、国内邮件快件等专业化联运发展。培育多式联运市场主体，鼓励港口航运、铁路货运、航空寄递、货代企业及平台型企业等加快向多式联运经营人转型。推进运输服务规则衔接，以铁路与海运衔接为重点，推动建立与多式联运相适应的规则协调和互认机制，深入推进多式联运"一单制"，探索推进国际铁路联运运单、多式联运单证物权化。加大信息资源共享力度。三是促进重点区域运输结构调整。推动大宗物资"公转铁、公转水"。推进京津冀及周边地区、晋陕蒙煤炭主产区运输绿色低碳转型。加快长三角地区、粤港澳大湾区铁水联运、江海联运发展。四是加快技术装备升级。五是营造统一开放市场环境。六是完善政策保障体系。

7.2.1 多式联运经营人的定义与应具备的条件

1. 多式联运经营人的定义

多式联运是一项极其复杂的国际货物运输系统工程，涉及面广，环境复杂，必须有一个总负责人按照多式联运合同，进行全程运输的组织、安排、衔接和协调等管理工作，这个总负责人就是多式联运经营人。已通过的《联合国国际货物多式联运公约》中对多式联运经营人所下的定义是："多式联运经营人是指本人或通过其代表订立多式联运合同的任何人，他是事主，而不是发货人的代理人或代表，或参加多式联运承运人的代理人或代表，并且负有履行合同的责任。"

从上述定义可以看出，多式联运经营人是订立多式联运合同并负有履行合同责任的人。由于多式联运是在不同国家之间使用多种不同运输工具共同完成，不可能有一个多式联运经营人拥有全部运输工具，承担全部运输任务，因此在订立合同后，多式联运经营人往往把部分运输区段或全部运输区段的运输任务委托各区段实际承运人去完成，自己并不参加某区段实际的运输甚至不参加任何区段的实际运输。这种多式联运经营人与各区段实际承运人订立的运输合同，不能改变多式联运经营人在多式联运合同中当事人的身份，各区段承运人只对多式联运经营人负责，而多式联运经营人必须对多式联运合同负责。

2. 多式联运经营人应具备的条件

当多式联运经营人从发货人那里接管货物时起，其对多式联运合同的责任即开始，他必须按照合同，把货物从一国境内的接货地安全、完好、及时地运至另一国境内指定的交货地，如果货物在全程运输过程任何区段发生的过失、损害或延误交付，多式联运经营人均以本人身份直接向货主进行赔偿，即使货物的灭失、损害是某区段实际承运人灭失所致。因此，作为多式联运主体的多式联运经营人，应具备以下条件。

1）订立多式联运合同

多式联运经营人必须与托运人订立多式联运合同，据以收取全程运费并负责履行合同。根据多式联运的定义，在合同中应至少使用两种不同的运输工具连贯地完成国际货物运输。

2）接货后即签发多式联运单据

多式联运经营人或其代表从发货人手中接管货物时，即签发多式联运单据，并对所接管的货物开始负有责任。

3）按合同规定将货物交指定的收货人或多式联运单据持有人

多式联运经营人应承担合同规定的与运输和其他服务有关的责任，如组织不同运输工具的运输和转运、办理过境国的海关手续，货物在运输全程中的保管、照料等，并保证将货物交多式联运单据指定的收货人或多式联运单据的持有人。

4）有足够的赔偿能力

对多式联运全程运输中所发生的货物过失、损害或延误交付，多式联运经营人应首先负责对货主进行直接赔偿。因此多式联运经营人必须有足够的赔偿能力。当然如果货损事故为实际区段承运人的过失所致，多式联运经营人在直接赔偿后拥有向其追偿的权利。

5）有相应的技术能力

多式联运经营人应具备经营多式联运所需的相应的技术能力，包括多式联运必需的业务网点和专业技术人员，并保证自己签发的多式联运单据的流通性，作为有价证券在经济上有令人信服的担保程度。

7.2.2 多式联运经营人的赔偿责任

1. 多式联运经营人的赔偿责任制

根据《联合国国际货物多式联运公约》规定："多式联运经营人对货物的责任期限自接管货物之时起至交付货物时止。"由于多式联运经营人对责任期限内的货物的灭失、损坏和延迟交付所引起的损失负有赔偿责任，因此必须首先明确多式联运经营人赔偿的责任制。目前，多式联运经营人的责任制主要有以下三种形式。

1）统一责任制

所谓统一责任制是指多式联运经营人在全程运输中使用统一的赔偿标准向货主负责。也就是说，多式联运经营人在全程运输中无论货运事故发生在哪一区段，也无论事故是明显的还是隐藏的，都按照统一的标准负责向货主赔偿。统一责任制的最大优点是理赔手续十分简便，只要有货损，都按照一个标准进行赔偿，但在实际业务中统一责任制应用较少，主要原因是统一赔偿标准难以为多式联运经营人所接受。

2）经修正后的统一责任制

《联合国国际货物多式联运公约》所规定的多式联运经营人的责任制为经修正后的统一责任制，即在统一责任制的基础上做了一些修正。所谓经修正后的统一责任制，是指多式联运经营人在全程运输中对货损事故按照统一赔偿标准负责向货主赔偿，但同时又规定，如果该统一赔偿标准低于实际货运事故发生区段的适用法律法规所规定的赔偿标准时，按该区段高于统一赔偿标准的标准，由多式联运经营人负责向货主赔偿。经修正后的统一责任制与统一责任制相比，加大了多式联运经营人的赔偿责任，故实际应用更少。

3）网状责任制

所谓网状责任制，是指多式联运经营人对全程运输的货物责任，如果能确定货运事故区段的，则按该区段适用法律法规，由多式联运经营人负责向货主直接赔偿；如果对隐藏损害等不能确定货运事故区段的，则推定发生在海运区段，按海运区段的适用法律法规，由多式联运经营人负责向货主直接赔偿。相比较而言，网状责任制对多式联运经营人的赔偿责任最低，同时这种责任制无论对于多式联运经营人还是对于实际区段承运人来说，其赔偿标准是一致的，不存在在同一运输区段有两种赔偿标准的矛盾。目前世界上绝大多数国家的多式联运经营人采用网状责任制。

2. 多式联运经营人的赔偿标准

目前绝大多数国家的多式联运经营人采用网状责任制，与网状责任制有关的各运输区段国际货运公约以及国际多式联运公约所规定的赔偿标准（责任限额）见表7.1。

表7.1 部分国际公约关于责任限额的规定　　　　单位：SDR

公约名称	每件或每单位责任限额	毛重每千克责任限额	备注
海牙规则	161		
维斯比规则	680	2.04	
汉堡规则	835	2.50	
国际公路货运公约		8.33	
国际铁路货运公约		16.67	
华沙公约		17.00	
联合国国际货物多式联运公约	920	2.75/8.33	多式联运不包括海上或内河运输时适用8.33SDR的责任限额

《维斯比规则》《汉堡规则》《联合国国际货物多式联运公约》均规定了两种责任限额，这是因为这三个国际公约的通过时间均在出现集装箱运输以后，而在集装箱运输方式下，如果仍以每件或每单位计算责任限额，可能会对货主造成很大不利，特别是在未列出箱内货物件

数的情况下,集装箱内所有的货物只视为一件,采用两种责任限额并择大赔偿,有利于在集装箱运输方式下保护货主的相应利益。

7.3 多式联运单据的读识

7.3.1 多式联运单据的定义与主要内容

1. 多式联运单据的定义

在多式联运方式下,当多式联运经营人接管货物时,应由本人或其代理人签发多式联运单据。在多式联运中,虽然一票货物由多种不同运输方式、多个实际区段承运人共同完成运输,但从接货地至交货地仅使用一张货运单证——多式联运单据。

1997年10月1日,我国实施的《国际集装箱多式联运管理规则》对多式联运单据的定义是:多式联运单据是指证明多式联运合同成立及多式联运经营人接管货物并负责按合同条款交付货物的单据。从上述定义可知,多式联运单据与海运提单作用相似:

(1)是多式联运合同的证明;

(2)是多式联运经营人收到货物的收据;

(3)是收货人据以提货的物权凭证。

2. 多式联运单据的主要内容

多式联运单据是发货人、多式联运经营人、收货人等当事人货物交接的凭证,多式联运单据的内容应准确、完整,其主要内容如下。

(1)货物的名称、种类、件数、重量、尺寸、包装等情况;

(2)多式联运经营人的名称和主要经营场所;

(3)发货人、收货人的名称;

(4)多式联运经营人接管货物的地点、日期;

(5)多式联运经营人交付货物的地点和约定的时间或期限;

(6)表示多式联运单据为可转让或不可转让的声明;

(7)多式联运经营人或其授权的人的签字;

(8)有关运费支付的说明;

(9)有关运输方式和运输线路的说明;

(10)在不违背多式联运单据签发国法律的前提下,双方同意列入的其他事项。

多式联运单据一般都列入上述内容,但如果缺少其中一项或几项,只要所缺少的内容不影响货物运输和当事人的利益,多式联运单据仍具法律效力。

7.3.2 多式联运单据的签发

多式联运经营人在接收货物后即签发多式联运单据，并应发货人的要求签发可转让或不可转让多式联运单据。

在签发可转让的多式联运单据时，应注意以下几点：

(1) 应列明按指示交付或向持有多式联运单据的人交付；
(2) 如列明按指示交付，须经背书后才能转让；
(3) 如列明向多式联运单据持有人交付，无须背书即可转让；
(4) 如签发一套数份正本多式联运单据，应注明正本的份数；
(5) 对于签发的任何副本多式联运单据，应在每一份副本上注明"副本不可转让"的字样。

在签发不可转让多式联运单据时，应在单据的收货人一栏内载明收货人的具体名称，并注明"不可转让"的字样。货物抵达目的地后，多式联运经营人只能向多式联运单据中载明的收货人交付货物。

如果签发数份多式联运单据，多式联运经营人只要按其中一份正本交付货物后，便完成了向收货人交货的义务，其余各份正本自动失效。

7.3.3 多式联运单据的保留

如果多式联运经营人或其代表在接收货物时，对于货物的品种、数量、包装、重量等内容有所怀疑，而又无合适方法进行核对或检查时，多式联运经营人或其代表可在多式联运单据上作出批注，注明不符的地方、怀疑的根据等。反之，如果多式联运经营人或其代表在接收货物时未在多式联运单据上做出任何批注，则应视为他所接收的货物外表状况良好，并应将同样状态下的货物交付收货人。

7.4 集装箱多式联运业务操作

7.4.1 多式联运运费

1. 多式联运运费的基本结构

多式联运已突破传统海运"港到港"的范围，而向两岸延伸，因此多式联运运费的基本结构，除海运段外，还包括一端内陆或两端内陆的运费，如图7.1所示。

```
|────|────────|──────────────|─────────|────|
A    B         C              D        E
```

图7.1 多式联运运费结构

A——内陆运输费。主要是公路运费、铁路运费或内河运费，包括拖运费、仓储费、转运费、服务费等。

B——码头装卸包干费。集装箱班轮通常与挂靠港订立集装箱装卸包干费协议。

C——海运费。包括基本运费和附加运费。

D——码头装卸包干费。同B。

E——内陆运输费。同A。

2. 公路运费

公路运费公式表示为：公路运费=基本运费+附加运费

其中，基本运费是指公路运输中的拖运费，按箱型、箱尺寸和运距计算；附加运费是指在公路运输中发生的其他费用，如车辆延滞费、上下车费、人工延滞费、辅助装卸费及其他附加费等。

公路运费的计算方式主要有计程运费、计时包车运费、包箱运费和短程运费。

3. 铁路运费

铁路运费公式表示为：铁路运费=基本运费+附加运费

其中，基本运费是指铁路运输中的拖运费，按箱型、箱尺寸和运距计算；附加运费是指办理铁路运输而发生的有关附加费用，如送取费、暂存费、换装费、代理费及新路费、集装箱建设基金等。

4. 海运运费

海运运费公式表示为：海运运费=基本运费+附加运费

其中，基本运费是指任何一种货物运输收取的最基本的运费，是海运运费的主要组成部分，包括船舶的折旧或租金、燃油费、修理费、港口使用费、管理费和职工工资等；附加运费是指在海运过程中货物的特殊处理费用，如转船费、起重费、选港费、更改目的港费等，此外还包括受国际经济和国际贸易影响所产生的成本费用，如油价上涨、被迫绕航、汇率变动、港口拥挤等。

在集装箱海运中，为简化运费计算，班轮公司通常采用包箱费率的计算方法，并公布不同航线的运价。

5. 码头装卸包干费

在件杂货运输方式下，码头装卸费是按件以体积或重量计收的。在集装箱运输方式下，如仍以这种方法计收，一是计费十分繁杂，二是在整箱运输的方式下承运人对箱内货物种类不详。故世界各国港口大多采用集装箱装卸包干形式，按箱计收装卸包干费。

1）装卸包干的作业内容

（1）进口作业：拆除一般加固→卸船→水平运输至堆场→重箱堆存→重箱装车→空箱卸车，空箱堆存。

（2）出口作业：空箱装车→重箱卸车→重箱堆存→水平运输至船边→装船并进行一般加固。

2）装卸包干费的规定

按照《中华人民共和国港口收费规则》的规定，港口集装箱装卸包干费实行市场调节价，收费标准由港口经营人自行确定，并在其经营场所提前对外公布。

6. 多式联运运费的计费方式

按照《联合国国际货物多式联运公约》的规定，多式联运应采用单一运费率，由多式联运经营人向货主一次计收。在实际操作中计费可以分段累加计收，也可根据分段累加的总费用换算出单一运费率，因此目前多式联运运费计收方式主要有单一运费制和分段运费制两种。

1）按单一运费制计算运费

单一运费制是指集装箱从托运到交付，所有运输区段均按照一个相同的运费率计算全程运费。在西伯利亚大陆桥（SLB）运输中采用的就是这种计费方式。苏联从1986年起修订了原来的7级费率，采用了不分货种的以箱为计费单位的FAK统一费率。陆桥运输的运费比海运运费低20%~30%。

2）按分段运费制计算运费

分段运费制是按照组成多式联运的各运输区段，分别计算海运、陆运（铁路、汽车）、空运及港站等各项费用，然后合计为多式联运的全程运费，由多式联运经营人向货主一次计收。各运输区段的费用，再由多式联运经营人与各区段的实际承运人分别结算。目前大部分多式联运的全程运费均采用这种计费方式，如欧洲到澳大利亚的国际集装箱多式联运、日本到欧洲内陆或北美内陆的国际集装箱多式联运等。

7.4.2 多式联运的一般业务流程

多式联运是一种现代化的综合运输，涉及面广，环节众多，环境繁杂，因此其业务流程也十分繁杂，下面简要介绍多式联运的一般业务流程。

1. 接受托运申请并订立多式联运合同

多式联运必须订立合同，合同是规范托承双方权利、义务及解决争议的基本法律文件。多式联运合同主要内容：托运人、收货人、多式联运经营人，货物的名称、包装、件数、重量、尺寸等情况，接货的地点和时间、交货的地点和约定的时间、不同运输方式的组成和运输线路、货物交接方式及承托双方的责任和义务、解决争议的途径和方法等。

2. 编制多式联运计划

签订合同后，多式联运经营人根据合同规定，编制多式联运计划。多式联运计划总的要求是以下几点。

1）合理性

要求运输线路短、各区段运输工具安全可靠、运输时间能保证、不同运输方式之间良好衔接，从而保证货物从一国境内接货地安全及时地运到另一国境内的交货地。

2）经济性

须在保证货运质量的前提下，尽可能节省总成本费用，以提高经济效益。

3）不可变性

在计划中应充分考虑各种因素，留有必要的余地，除不可抗力外，计划一般不能随意改变。

完成多式联运计划编制后，多式联运经营人还应及时将计划发给沿线各环节的代理人，使之提前做好接货、运输、转关或交货等准备工作。

3. 接货装运

按照多式联运合同，在约定的时间、地点，由多式联运经营人或其代理人从发货人手中接管货物，并按合同要求装上第一程运输工具发运。按承托双方议定的交接方式，凡在门或场交接的，由发货人负责装箱计数施封和办理出口清关手续，在箱体外表状况良好、封志完整状态下，将货物整箱交多式联运经营人或其代理人；凡在站交接的，由发货人负责办理出口清关手续，将货物散件交多式联运经营人或其代理人，由后者负责拼箱计数施封后装运发送。

4. 签发多式联运单据

多式联运经营人接管货物，在运费预付情况下收取全程运费后，即签发多式联运单据，表明多式联运经营人对全程联运负有责任的开始。对多式联运合同当事人来说，多式联运单据是多式联运经营人收到货物的证据，是合同的证明，也是货物的物权凭证，多式联运经营人向多式联运单据指明的收货人或被指示的收货人交付货物，收货人凭多式联运单据提取货物。在货物装运发送后，多式联运经营人还应将多式联运单据副本及一程运输的有关运输单证及时寄往第一程的目的地（港）的代理人，以便做好接货、转关和转运的准备。

5. 运输保险

由于多式联运运距长、环节多、风险大，为避免可能发生的货运事故，多式联运经营人可以向保险公司投保。尽管多式联运经营人有责任限额保护条款，但因多式联运经营人的疏忽、过失、侵权，其将丧失责任限额保护的权利，承担很大的赔偿金额的风险，为避免较大的损失，多式联运经营人通常向保险公司投保货物责任险和集装箱险，以防范巨额赔偿风险。

6. 转关手续

多式联运若在全程运输中经由第三国，应由多式联运经营人或其代理人负责办理过境转关手续。在"国际集装箱海关公约"缔约国之间，转关手续已相当简化，通常只需提交相应的转关文件，如过境货物申报单、多式联运单据、过境国运输区段单证等，并提交必要的担保和费用，过境国海关可不开箱检查，只作记录而予以放行。

7. 全程运输的协调管理

1）不同运输方式之间的转运

国际多式联运是以至少两种不同运输方式组成的连贯运输，不同运输方式之间的转运衔接，是保证运输连贯性、及时性的关键。由于运输工具不同、装卸设备设施不同、转运点的选择不同，以及各国的规定和标准不同，因此多式联运经营人或其代理人事前应有充分的准备，以便根据各种不同的具体情况和要求实现快速顺利的转运。

2）各运输区段的单证传递

多式联运经营人作为全程运输的总负责人，通常要与各运输区段实际承运人订立分运输合同，在运输区段发送地以托运人的身份托运货物，在运输区段的目的地又以收货人的身份提取货物。为了保证各运输区段货物运输的顺利进行，多式联运经营人或其代理人在托运货物后要将有关运输单证及时寄给区段目的地代理人。同时，若该实际运输区段不是最后一程运输，多式联运经营人的代理人在做好接货准备的同时，还要做好下一程运输的托运准备工作。

3）货物的跟踪

为了保证货物在多式联运全程运输中的安全，多式联运经营人要及时跟踪货物的运输状况，如通过电报、电传、EDI（电子数据交换）等手段在各结点的代理人之间传递货物信息，必要时还可通过卫星定位系统进行实时控制。

8. 交付货物

按多式联运合同规定，货物到达指定交货地后，由多式联运经营人或其代理人将货物交多式联运单据指明的收货人或按指示交指定的收货人，即宣告完成全程运输任务。交货地代理人应在货物到达前向收货人发出到货通知，以便收货人及时做好提货准备。

对于海运整箱交货的，如码头堆场条款，货物卸船、收货人办妥进口清关手续后，委托集装箱码头整箱交货；如门点条款，则由多式联运经营人或其代理人公路运输至收货人的工厂或仓库交货，交接双方以箱体外表状况良好、封志完整为标准。对于散箱交货的，交货地为合同指定的集装箱货运站，由集装箱货运站代表多式联运经营人拆箱、分票、堆存于仓库，收货人办妥进口清关手续后，以散件方式提运。

7.5 陆桥运输业务

7.5.1 陆桥运输概述

陆桥运输是指利用横贯大陆的铁路（有时也包括公路），将海与海连接起来，运用"海—陆—海"的运输链接，进行多式联运。

从经济意义上说，陆桥运输可以缩短运输时间。在一端或两端为海运的情况下，中间链接一段铁路运输，利用火车速度大大高于船舶的优势，可以减少货物运输时间。在现代经济条件下，人们对货物运输的时间要求愈来愈高，迅速运达的货物，可以及时满足需求，从而增加了货物的使用价值。同时，由于运输时间的缩短，货物占用资金的时间就缩短，企业资金周转速度加快，资金成本降低，相应的效益也得到提升。所以，虽然采用陆桥运输，中间铁路与公路一段的运输费用会高于水路运输，但运输时间的缩短能成功地抵消这种费用的增加，使整体运输费用下降。

陆桥运输在发展过程中，从地域上，逐渐形成了"北美陆桥运输"和"欧亚陆桥运输"两大板块；从运输结构上，则形成了大陆桥运输、小陆桥运输与微陆桥运输等不同分类。

7.5.2 北美陆桥运输

北美陆桥运输可分为北美大陆桥运输、北美小陆桥运输和微陆桥运输三种结构。

1. 北美大陆桥运输

北美大陆桥运输是指从日本东向，利用海路运输到北美西海岸，再经由横贯北美大陆的铁路线，陆运到北美东海岸，再经海路运输到欧洲的"海—陆—海"运输结构。这个运输结构运输路线长、成本高，与东亚直达欧洲的水路集装箱运输，和后来形成的欧亚大陆桥运输比较，在成本与运输时间上都缺乏竞争力，所以后来实际上逐渐与小陆桥运输相融合，即货物经陆运后，只到东海岸，不再继续海运到欧洲。东亚运往欧洲的货物，经由欧亚大陆桥或直达班轮运输。

北美大陆桥包括美国大陆桥运输和加拿大大陆桥运输。美国大陆桥有两条运输线路：一条是从西部太平洋沿岸至东部大西洋沿岸的铁路和公路运输线；另一条是从西部太平洋沿岸至东南部墨西哥湾沿岸的铁路和公路运输线。美国大陆桥于1971年底由经营远东—欧洲航线的航运公司和铁路承运人联合开办"海陆海"多式联运线路，后来美国几家航运公司也投入营运。加拿大大陆桥与美国大陆桥相似，由航运公司把货物海运至温哥华，经铁路运到蒙特利尔或哈利法克斯，再与大西洋海运相接。

北美大陆桥是世界上历史最悠久、影响最大、服务范围最广的陆桥运输线。据统计，这种陆桥运输方式比采用全程水运方式通常要快1~2周。

随着美国和加拿大大陆桥运输的成功营运，北美其他地区也开展了大陆桥运输。墨西哥大陆桥就是其中之一。该大陆桥横跨特万特佩克地峡，连接太平洋沿岸的萨利纳克鲁斯港和墨西哥湾沿岸的夸察夸尔科斯港。

北美大陆桥运输对巴拿马运河的冲击很大，由于陆桥运输可以避开巴拿马运河宽度的限制，许多海运承运人开始建造超巴拿马型集装箱船，增加单艘集装箱船的载运箱量，放弃使用巴拿马运河，使集装箱国际海上运输的效率大为提高。

2. 北美小陆桥运输

北美小陆桥运输是指日本经美国太平洋沿岸各港的海铁联运，它与大陆桥运输的区别是运输终点为美国东海岸，而不再下海。采用这样的运输方式，使海运和陆运结合起来，从而达到了运输迅速、降低运输成本的目的。北美小陆桥运输大大缩短了日本、远东到美国、加拿大东部地区与中部地区的运输距离，节省了运输时间。实践证明，从远东、日本经北美陆桥到美国东岸的海陆联运，比采用全水路的集装箱船的直达运输，可节省10天左右的运输时间。从远东、日本到美国内陆地区，若以西海岸港口为门户港，则在节约运输时间方面效果更为显著。以日本到美国芝加哥的海陆联运为例，若在纽约港中转，全程运输时间为32天，若在西雅图港中转，则全程运输时间可减少13天。

小陆桥运输迫使美国铁路发展了双层集装箱列车与超长列车，以提高运输效率，降低运输成本。据报道，美国总统轮船公司的双层集装箱列车，每标准箱成本比单层列车节省1/3。

3. 微陆桥运输

微陆桥运输是指利用陆桥铁路的部分区段进行运输，与小陆桥运输的主要区别仅在于内陆交货，不通过整条陆桥，所以又称为"半陆桥运输"。北美微陆桥运输是指经北美东、西海岸及墨西哥湾沿岸港口，到美国、加拿大内陆地区的联运服务。

微陆桥运输是在小陆桥运输发展的基础上产生的，它将国际集装箱直达列车与集装箱班轮航线紧密结合，使内陆货物直接运至出海口，从而达到运输距离最短、运输速度最快和运输费用最省的目的。美国的微陆桥运输，避免了迂回和绕道运输，使集装箱运输路线更加合理。在开展微陆桥运输前，从远东到美国中部和东部城市的货物，均由远东装船直接运到美国东部口岸，然后转换内陆运输运至目的地；去美国南部内陆城市的货物，均由远东装船运至墨西哥，然后再转换内陆运输运至目的地，因此造成不合理的运输流向，延长了运输时间，增加了运输费用。而采用微陆桥运输后，远东的集装箱货物通过班轮航线，运至太平洋口岸，然后换装铁路集装箱直达列车，直接运至美国内陆城市，大幅度节省了运输的时间和费用。

7.5.3 欧亚陆桥运输

欧亚大陆桥是在北美陆桥运输发展的同一时期发展起来的，有西伯利亚大陆桥和新欧亚大陆桥两条。

1. 西伯利亚大陆桥

西伯利亚大陆桥是指使用国际标准集装箱，将货物由远东海运到俄罗斯东部港口，再经跨越欧亚大陆的西伯利亚铁路，运至波罗的海沿岸港口，如爱沙尼亚的塔林或拉脱维亚的里加，再采用铁路、公路或海运，运到欧洲各地的国际多式联运的运输线路。

西伯利亚大陆桥于1971年由全苏对外贸易运输公司正式确立。使用这条陆桥运输线的主要是日本、中国和欧洲各国的货运代理公司。其中，日本出口欧洲杂货的1/3、欧洲出口亚洲杂货的1/5是经这条陆桥运输的。可见它在沟通亚欧大陆、促进国际贸易中所处的重要地位。

西伯利亚大陆桥运输包括海—铁—铁、海—铁—海、海—铁—公和海—公—空四种运输方式。由俄罗斯的过境运输总公司担当总经营人，它拥有签发货物过境许可证的权利，并签发统一的全程联运提单，承担全程运输责任。参加联运的各运输区段，采用"互为托、承运"的接力方式完成全程联运任务。可以说，西伯利亚大陆桥是较为典型的一条国际多式联运线路。它是目前世界上最长的一条陆桥运输线，大大缩短了从日本、远东、东南亚及大洋洲到欧洲的距离，并因此而节省了运输时间。从远东经俄罗斯太平洋沿岸港口去欧洲的陆桥运输线全长13000千米，而相应的全程水路运输距离（经苏伊士运河）约为20000千米。从日本横滨到欧洲鹿特丹，采用陆桥运输可使运输距离缩短1/3，运输时间节省1/2，运输费用节省

20%～30%，因而对货主有很大的吸引力。

2. 新欧亚大陆桥

西伯利亚大陆桥曾经发展得很快，但它也存在一些致命的缺点，如港口装卸能力不足、铁路集装箱车辆不足、箱流严重不平衡及严寒气候的影响等，这在一定程度上阻碍了它的发展。尤其是随着我国兰新铁路与中哈边境的土西铁路的接轨，形成了一条新的"欧亚大陆桥"，为远东至欧洲的国际集装箱多式联运提供了一条新的便捷路线。

我国政府早在20世纪80年代就考虑建立一条新的"丝绸之路"，以促进沿途经济的发展与繁荣。经过充分调查、科学研究、论证比较，制定了切实可行的方案，并从多方面创造条件，修建了连云港国际集装箱专用码头，强化了陇海线、兰新线的通行能力，建成了阿拉山口国境换装站，为开辟新欧亚大陆桥运输打下了良好的基础。1992年12月1日，首趟过境集装箱专列从连云港口岸开出，标志着新欧亚大陆桥全线贯通。这条新欧亚大陆桥东起中国连云港，西至荷兰鹿特丹，是实现海—陆—海联运的国际大通道。

新欧亚大陆桥辐射欧亚大陆30多个国家和地区，总面积达5071万平方千米，居住人口占世界总人口的75%左右，拥有非常好的经济潜力。在新欧亚大陆桥贯通后，许多国家和地区纷纷制定了相应的措施和对策，以期利用这条国际走廊加速经济发展。据有关方面估计，北欧冰岛地区每年有170万吨冰冻鱼通过鹿特丹、里加港运往日本、韩国；哈萨克斯坦的棉花、皮毛、矿产也通过连云港中转到日本、韩国；土库曼斯坦的天然气从土库曼斯坦铺设管道到连云港，在连云港加工后，运往日本、韩国。这些势必带动连云港市的加工业、仓储业、运输业及旅游服务业的迅速发展。还有东来的回空国际集装箱，回程时可以将新疆、甘肃各大工业区的适箱货物，从连云港再运往日本、韩国等东南亚地区。这些都将大大带动沿桥经济带的迅猛发展。

与西伯利亚大陆桥对比，新欧亚大陆桥显示出多方面的优势。首先，新欧亚大陆桥地理位置和气候条件优越，整个陆桥避开了高寒地区，港口无封冻期，自然条件好，吞吐能力大，可以常年作业。其次，运输距离短，新欧亚大陆桥比西伯利亚大陆桥缩短运输距离1040千米，比海上运输节省运费20%～25%，时间也有不同程度的缩短。此外，新欧亚大陆桥经过的地区和国家比西伯利亚大陆桥人口密集，经济发展程度好，货源对流更为平衡。另外，中国政治的稳定、经济的持续健康增长及西部开发等正确政策的制定与有力运作，为新欧亚大陆桥运输的发展奠定了良好的基础。

近年来，我国铁路部门强化了铁路通行能力，以先进技术装备了国境站和港口站，使运输和换装作业能力大为加强，而且加大了组织工作改革的力度，推出了一系列新举措，为大陆桥运输增加了新的活力。1997年4月1日开通了由江苏连云港至新疆阿拉山口的8104次"五定"班列，为合理组织大陆桥过境集装箱运输奠定了基础。集装箱"五定"班列实行了定点、定线、定车次、定时间和定运价，为客户提供了更方便、更优惠的运输条件。每列车编组38

辆集装箱专用车，共可装运76 TEU，全线运行123小时，与过去未实行"五定"时相比，大陆桥过境运输时间缩短了近10天。同时，由于集装箱专列是定时、定点运行，也解决了信息跟踪与反馈的问题，便于客户及时查询，受到各方面的好评。1997年10月1日起贯彻执行的《国际集装箱多式联运管理规则》为开展大陆桥运输提供了法律依据。新欧亚大陆桥在中国与欧洲间集装箱铁路运输方面发挥了越来越重要的作用，从而促进了中国与欧洲国家间国际贸易的发展。

3. 第三条亚欧大陆桥

被称作第三条亚欧大陆桥的渝新欧国际铁路于2012年8月31日正式开通运营，为我国西部地区产品开辟了一条经铁路进入欧洲市场的黄金通道。

渝新欧国际铁路从重庆西站始发，经西安、兰州、乌鲁木齐，从边境口岸新疆阿拉山口进入哈萨克斯坦，再经俄罗斯、白俄罗斯、波兰到达德国的杜伊斯堡，全程11179千米。

与20世纪60年代开通的俄罗斯西伯利亚大铁路及我国连云港到荷兰阿姆斯特丹这两条亚欧大陆桥相比，渝新欧国际铁路实行一站通关的运营模式，大大压缩了运输成本。同时，与传统的水路运输相比，时间从过去的40天左右缩短到16天。

渝新欧国际铁路改写了中国西部地区的外贸企业出口欧洲的货运方式，使西部地区的货物可以用火车运到欧洲，而无须先运到东南沿海地区再通过海运到欧洲。这条国际铁路大通道也因此被媒体称为中欧"新丝绸之路"，架起了一座欧亚大陆桥。

7.5.4 我国出口到美国的多式联运业务

目前，美国是我国重要的贸易国，从我国运往美国内地的集装箱货物很大一部分采用海—铁联运或多式联运方式。

1. OCP运输

OCP的全称是"Overland Common Point"，译为内陆公共点，以落基山脉为界，其以东地区均定为OCP范围，该地区约占全美2/3的面积。所谓OCP运输，是指远东通过海运至美西港口，再转运铁路将货物运至OCP地区目的地交货的一种海—铁分段联运方式。与过巴拿马运河、绕加勒比海至美东港口再通过陆运方式运至美国东部或中部地区交货相比，OCP运输可缩短运输距离、节省运输时间和运输成本，是一种较为合理的运输方式。

采用OCP条款时必须满足以下条件：

（1）货物最终目的地必须属于OCP地区范围内，这是签订运输条款的前提。

（2）货物必须经由美国西海岸港口中转。因此在签订贸易合同时，有关货物的目的港应规定为美国西海岸港口，即为CFR（在装运港船上交货）或CIF（卖方办理货物出口清关手续）美国西海岸港口条件。

（3）在提货单备注栏内及货物唛头上应注明最终目的地OCP某某城市。

从远东至美国内陆公共点的集装箱货物运输，在使用OCP运输方式时应注意下列几点：

（1）OCP运输下的货物，卖方承担的责任、费用终止于美国西海岸港口。货物卸船后，由收货人委托中间商持正本提单向航运公司提货，并负责运抵收货人指定的地点。

（2）OCP运输下的集装箱货物，在买卖合同和信用证上应加注"OCP运输"字样，在签发提单时，其签发要求应与买卖合同、信用证要求相符。

OCP运输不是真正的多式联运，尽管全程运输使用海、铁两种运输方式，但海、铁运输区段各自签单、各自计收运费、各自划分运输责任，因此不符合多式联运一张单证、一次计费、同一责任的要求。

2. MLB运输

MLB的英文全名是"Miniland Bridge"，意为小陆桥运输。所谓MLB运输，是指远东海运至美西港口再转运铁路将货物运至美东或加勒比海沿海地区交货的一种海—铁多式联运方式。

MLB运输的前身为大陆桥运输，所不同的是，大陆桥运输是把美国横贯东西的铁路作为"桥梁"，组成海—铁—海多式联运，而小陆桥运输仅为海—铁多式联运。按照国际多式联运的要求，其适用的贸易术语应为FCA、CPT或CIP，目前我国出口企业仍沿用FOB、CFR、CIP贸易术语，但要注意使用这三个海运贸易术语时，应按照FCA、CPT、CIP关于买卖双方的责任、费用及其风险责任划分的要求来执行。同时，在贸易合同、信用证及多式联运单据中注明"MLB"字样。

3. IPI运输

IPI运输的英文全名是"Interior Point Intermodal"，意为内陆公共点多式联运。所谓IPI运输，是指远东海运至美西港口，再转运铁路将货物运至OCP地区指定目的地交货的一种海—铁多式联运。IPI运输与MLB运输都是海—铁多式联运，其主要区别是交货地有所不同；IPI运输和OCP运输的运输线路和交货地相同，其主要区别是IPI运输是海—铁多式联运，而OCP运输是海—铁分段联运。同样，对我国出口企业来说采用IPI运输时也应尽量选用FCA、CPT或CIP贸易术语，并在贸易合同、信用证和多式联运单据上注明"IPI"字样。

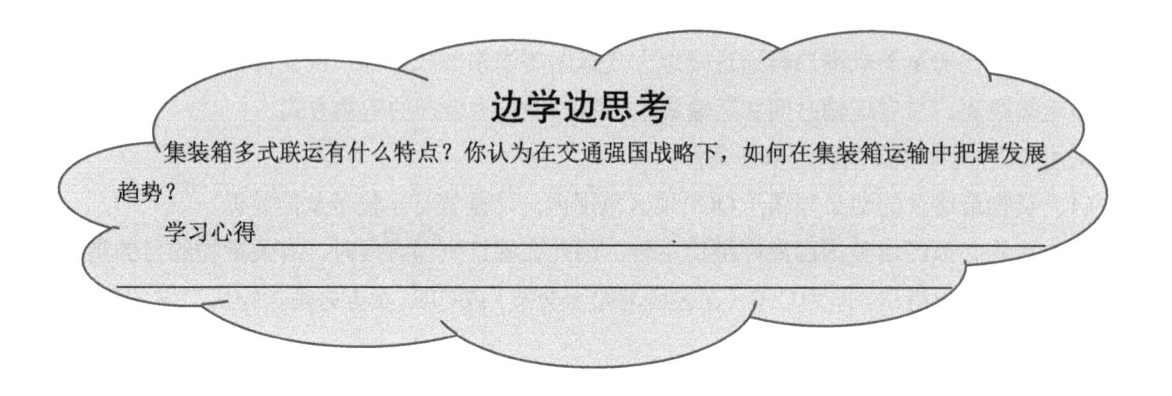

边学边思考

集装箱多式联运有什么特点？你认为在交通强国战略下，如何在集装箱运输中把握发展趋势？

学习心得_____

综合实训

实训内容	熟悉集装箱多式联运业务
实训地点	教室
实训目的	运用所学知识，对开篇的集装箱多式联运案例进行分析
实训要求	对学生进行分组，5～6人为一组，进行分析讨论
实训评价与考核	书面成绩占50%，结果展示占50%，总分为100分

背景材料：开篇的5个多式联运案例。

任务评价

任务实施评价表

任务内容	评价标准	配分	自我评价	同学互评	老师评价
案例一	清晰精准分析案例	20分			
案例二	清晰精准分析案例	20分			
案例三	清晰精准分析案例	20分			
案例四	清晰精准分析案例	20分			
案例五	清晰精准分析案例	20分			
总　　分		100分			

巩固练习

一、填空

1. 国际多式联运必须是（　　）种或（　　）种以上不同的运输方式。
2. 多式联运经营人的责任期间从（　　）起至（　　）止。
3. 多式联运经营人普遍使用的赔偿责任制是（　　）。
4. 多式联运经营人在赔偿时从按件赔偿和按毛重每公斤赔偿这两种责任赔偿中选择较（　　）的进行赔偿。
5. 国际多式联运经营人赔偿责任制分为（　　）、（　　）、（　　）三种。

二、判断

1. 多式联运提单属于已装船提单。

2. 在国际多式联运中,托运人只与多式联运经营人有业务和法律上的关系。
3. 多式联运提单均为不可转让提单。
4. 多式联运经营人是发货人的代理人。
5. 国际多式联运经营人可以在码头上接收货物。
6. 国际多式联运提货时,必须向多式联运经营人或其代理人交回全套正本海运提单。
7. 货物装船后,多式联运经营人方可签发多式联运单据。
8. 国际多式联运经营人通常向保险公司投保货物运输责任险和集装箱险。
9. 实行单一运费率是国际多式联运的特征之一。
10. OCP运输是多式联运。

三、名词解释

1. 多式联运单据
2. 多式联运经营人

四、问答

1. 多式联运单据有哪些性质?
2. 国际多式联运的特征有哪些?
3. 请简述OCP运输、MLB运输、IPI运输各自的特点与不同点。

五、翻译

国际多式联运　多式联运单据　多式联运经营人

六、论述题

1. 集装箱运输的发展阶段有哪些?
2. 集装箱运输的发展趋势是什么?
3. 如何在"以国内大循环为主体、国内国际双循环相互促进的新发展格局"中开发集装箱运输新业务?